하늘의 노래
미라래빠의 게송
偈頌

명상거북이

● **티베트의 성자 미라래빠**
  The great Tibetan Saint Milarepa / 6

● **프롤로그** / 7

● **미라래빠의 백송**
  The Hundred Songs of Milarepa / 9

티베트의 성자 미라래빠

The great Tibetan Saint Milarepa

1052년 태어나 1135년 열반에 든 미라래빠는 한 생애 동안에 완성을 추구한 티베트의 대성취자이다. 일찍 세상을 뜬 아버지가 남기고 간 재산을 친척들에게 모두 빼앗기고 어머니와 누이동생을 돌보며 갖은 고생을 하던 미라래빠는 어머니의 당부로 흑마술(黑魔術)을 배워 그들에게 복수한다. 그 결과로 큰 악업(惡業)을 쌓게 된 미라래빠는 마르빠(Marpa)라고 하는 운명의 스승님을 만나 수행의 길에 들어설 때까지 깊은 고뇌를 한다. 그러나 스승님의 고귀하신 가르침 덕에 그는 새로운 사람으로 다시 태어나고, 그 후로는 티베트의 동굴들을 적정처(寂靜處)로 삼아 홀로 고된 명상수행을 이어간다. 깨달은 자로서의 그의 명성은 노래를 통한 가르침을 제자들과 보시자(布施者)들에게 설파함으로써 점점 높아져 가고 그는 자신의 가르침으로 많은 사람을 구원하게 된다. 또한, 진리를 예시와 묘사와 함께 설명했던 미라래빠는 절대진리란 결코 어려운 것이 아니라는 것을 몸소 보여 주면서 모든 이가 영적으로 깨어난 삶을 살아야 함을 강조하였다.

프롤로그

2020년 5월 2일,

채널링으로 처음 만난 미라래빠 스승님은 저에게 지속적인 가르침을 주셨으며 그 가피로 저는 지극히 개인적인 경험을 담은 《하늘과의 만남, 미라래빠와의 채널링》, 150개의 포괄적인 질문에 대한 대답을 기록한 《하늘의 대답, 미라래빠의 가르침》이라는 두 권의 책을 완성했습니다. 그리고 이제 그 특별한 여정을 마감하는 책, 《하늘의 노래, 미라래빠의 게송(偈頌)》을 소개합니다. 2020년 11월부터 2021년 3월까지의 가르침들은 아름다운 노래의 형식으로 내려왔고, 이를 담은 100개의 게송은 미라래빠가 생전에 정신적인 지도자로서 많은 이들에게 노래를 통해 가르침을 전달했던 모습을 생생히 느낄 수 있게 하기에 배움의 내용을 넘어서는 소중한 가치를 내포하고 있습니다. 이 책을 읽으시는 분 모두에게 하늘의 지혜를 담은 그의 말씀이 천상의 노래가 되어 마음속 깊이 울려 퍼지길 기원합니다.

미라래빠의 백송

The Hundred Songs of Milarepa

좋은 버릇

모든 것은 내가 좋아서 하는 것이니 좋은 인생을 살아가기 위해
좋은 버릇 만들어 나가야 한다네

기분이 안 좋으면 좋은 생각 떠올리고

화가 나면 화를 포기하며

욕심이 나면 그 욕심 버리고

식탐이 올라오면 먹지 않으며

게을러지면 다시 몸과 마음 추스르고

나쁜 생각 올라오면 즉시 눌러 버리며

나쁜 말 하고 싶으면 침묵하고

가난하다 느끼면 스스로에게 풍요를 선물하며

고달프다 생각하면 자신을 위로하고

인생이 허망하다 생각하면 공(空)을 명상하며

판단하는 마음 올라오면 생각을 멈추고

비교하는 마음 생기면 나만을 생각하며

두려움이 생기면 그 두려움을 만든 자신의 마음 이해하고

미움이 생기면 사랑을 떠올리며

허무한 생각이 들면 나라는 존재 축복하고

조바심 들면 일부러 천천히 하며

슬퍼지면 명랑해지는 일 하고

지겨우면 오히려 완전히 쉬며

생각이 많아지면 그 생각들 지우고

삶이 두려우면 죽음을 생각하고

죽음이 두려우면 영원한 존재를 믿으며

자신을 탓하는 마음이 생기면 자신을 받아들이고

나쁜 버릇 버려야 한다 생각하면 그것 즉시 버리며

좋은 버릇 생겨야 한다 생각하면

그것 습관으로 만들어야 하는 것이네

2020년 11월 1일

슬퍼 말라

슬퍼 말라 시간이 흘러갔음을
슬퍼 말라 시간을 되돌릴 수 없음을
슬퍼 말라 시간이 계속 감을
슬퍼 말라 사랑하는 이들이 떠나갔음을
슬퍼 말라 사랑하는 이들이 떠나갈 것임을
슬퍼 말라 너도 떠나야 함을

슬퍼 말라 많은 것을 경험 못 했음을
슬퍼 말라 많은 것을 갖지 못 했음을
슬퍼 말라 불행과 고통이 있었음을
슬퍼 말라 하루하루 살아감이 고달픔을
슬퍼 말라 미래를 알 수 없음을
슬퍼 말라 홀로 있음을
슬퍼 말라 희망이 없음을
슬퍼 말라 꿈이 없음을
슬퍼 말라 늙고 병듦을

슬퍼 말라 감정을 표현하지 못함을
슬퍼 말라 내가 부족하다 느낌을

슬퍼 말라 매번 같은 실수를 반복함을

슬퍼 말라 양심의 소리가 나를 질책함을

슬퍼 말라 완벽하지 못함을

슬퍼 말라 미움받음을

슬퍼 말라 오해받음을

슬퍼 말라 용감하지 못함을

슬퍼 말라 두려움이 있음을

슬퍼 말라 만족을 못 느낌을

슬퍼 말라 모든 것이 끝나 감을

슬퍼 말라 모든 것이 공(空)함을

슬퍼 말라 영원한 것이 없음을

슬퍼 말라 이 모든 생각이 존재함을

2020년 11월 2일

마음의 현현

내가 보는 것이 동그라미인가 네모인가
보는 이 마다 그 모양 달라지네

어떤 이가 어둠을 볼 때
어떤 이는 밝음을 보네
어떤 이가 행복을 볼 때
어떤 이는 비극을 보며
어떤 이가 천국을 보면
어떤 이는 지옥을 보네
어떤 이가 천진함을 보면
어떤 이는 바보스러움을 보고
어떤 이가 순수하다 하면
어떤 이는 어리다고 하네
어떤 이가 충분하다 하면
어떤 이는 부족하다 하고
어떤 이가 만족할 때
어떤 이는 더 가지려 하네
어떤 이가 때가 되었다고 하면
어떤 이는 아직 멀었다 하고

어떤 이가 사랑한다 할 때
어떤 이는 싫어한다 하네
어떤 이가 슬프다 하면
어떤 이는 기쁘다 하고
어떤 이가 덥다 하면
어떤 이는 춥다 하네
어떤 이가 마음이 변한다 할 때
어떤 이는 마음은 변하지 않는다 하네

그렇게 내가 이걸 볼 때 너는 저걸 본다네
늘 변하는 실체의 모양
그것이 마음의 현현(顯現)이라네

2020년 11월 3일

"내가 이걸 볼 때 너는 저걸 본다네
늘 변하는 실체의 모양
그것이 마음의 현현(顯現)이라네"

에고

갔는가 생각하면 다시 오고
숨었나 생각하면 다시 나타나네

신기하도다!

햇빛과 달빛에도 보이지 않고
생각과 관심 버려도 없어지지 않으니

행복을 쌓았다 생각하면 무너뜨리고
겸손을 배웠다 생각하면 치켜드네
남을 포용했다 느끼면 밀어내고
나를 사랑한다 느끼면 놓아 버리네
과거는 흘러갔다 생각하면 다시 되돌려놓고
현재는 여기에 있다 느끼면 흘려보내고
미래는 다가오고 있다 믿으면 쫓아 버리네
슬픔이 끝났다 생각하면 또 시작하게 하고
기쁨을 느끼면 덮어 버리네
성장하고 있다 생각하면 눌러 버리고
안정을 찾았다 생각하면 잃게 만드네

끊어진 인연이라 믿으면 다시 묶어 놓고
연결된 인연이라 느끼면 풀어 놓네
순수한 마음 느끼면 흐려 놓고
악한 마음 있다 느끼면 채찍질하네
부자라 믿으면 부족함 넣어 주고
가난하다 생각하면 있는 것도 빼앗아 가네

에고는 없애려 노력하면 살아남고
진심으로 돌보면 점점 그 힘 잃어 간다네
하니 에고는 그 존재와 필요성에 대한 상념조차 사라질 때까지
늘 나와 함께 한다네

2020년 11월 4일

영혼

어딘가엔 반드시 있다네 나의 영혼
숨기려야 숨길 수 없다네 나의 영혼

하지만 그 영혼 온전히 이해하는 자 거의 없다네
때로는 바람에 흔들리고
때로는 물에 떠내려가며
때로는 벌처럼 꽃 위에 앉고
때로는 새처럼 노래 부르고
때로는 천둥과 함께 소리치며
때로는 비와 함께 땅을 적시고
때로는 태양과 함께 밝게 빛나네
내 영혼 그렇게 내 맘 가는 대로 머물고 모양 바꾸네

싫어하다가도 좋아지고
미워하려면 사랑스러워지고
때 묻었다 생각하다가도 순수함 느끼고
어리석다 생각하면 지혜롭게 말하고
남의 것이 되었다 슬퍼하면 내 손안에서 보이고
잃어버렸다 느끼면 다시 돌아오네

내 영혼 그렇게 늘 변하고 성장하네

작은 영혼, 큰 영혼
어린 영혼, 늙은 영혼
병든 영혼, 건강한 영혼
어두운 영혼, 밝은 영혼
다 큰 영혼, 지금 자라나는 영혼
우리들의 영혼은 참으로 제각각이라네
모두 가지고 있지만 그 영혼 위해 할 일 다르고
그 영혼이 가야 할 길 각자 다르다네

오묘하도다 영혼의 세계!
내 영혼 찾고, 이해하여 다루고, 키워가는 자
그가 참다운 수행자라네

2020년 11월 5일

인간세상

계획되어 있었다네 인간세상은

만들 수 있고
파괴할 수도 있고
만질 수 있고
느낄 수도 있고
연결할 수 있고
분리할 수도 있고
꼬아 놓을 수 있고
펴 놓을 수도 있고
에너지를 받을 수 있고
에너지를 줄 수도 있고
감정을 일으킬 수 있고
감정을 변화시킬 수도 있고
너와 나 구분할 수 있고
너와 나 합체될 수도 있고
아름다움을 키울 수 있고
흉함을 보일 수도 있고
남에게 배울 수 있고

남을 가르칠 수도 있고
아픔과 고통 느낄 수 있고
행복과 기쁨 느낄 수도 있고
불안을 품을 수 있고
희망을 볼 수도 있고
내 영혼 알아볼 수 있고
내 영혼 찾을 수도 있고
인간이 될 수 있고
신(神)이 될 수도 있고
시작을 볼 수 있고
끝을 볼 수도 있게 말이네

2020년 11월 6일

동물세계

인간이여, 태어나서 어떤 동물을 보았는가?
인간이여, 그들을 관찰해 보았는가?
인간이여, 그들의 세상을 인간세상과 비교해 보았는가?

그들의 세상엔 본래
미움과 질투가 없고
욕망과 탐욕이 없고
헛된 꿈과 희망이 없고
자존감과 자존심도 없으며
근심과 걱정이 없고
우울과 고뇌가 없고
계획과 노동이 없고
과거와 미래도 없으며
비판과 비교가 없고
질책과 원망이 없고
후회와 미련이 없고
복잡한 관계와 책임이 없고
부자연스러움과 부자유도 없으며
폭동과 전쟁이 없고

교육과 정치가 없고

믿음과 신앙이 없고

신(神)과 종교도 없으며

자기 반성과 자기 학대가 없고

오락과 유흥이 없고

매몰과 중독이 없고

삶과 죽음에 대한 생각이 없으며

변화에 대한 갈망과 욕구가 없고

서로에 대한 관심과 참견도 없네

이 세상을 모르는 듯한

생각이 없는 듯한 동물들의 바보스러움은

인간만이 이해하지 못하는 순수하고 완벽한 세상의 모습이라네

2020년 11월 7일

태양

거대하도다 그의 자태

강렬하도다 그의 힘

체계적이도다 그의 일상

운명적이도다 그의 탄생

착실하도다 그의 노력

인자하도다 그의 자세

변함이 없도다 그의 본질

절대적이도다 그의 존재

영원하도다 그의 계획

찬란하도다 그의 과거

빛나도다 그의 현재

믿음이 있도다 그의 미래

풍요롭도다 그의 정성

위대하도다 그의 명성

유일하도다 그의 임무

선하도다 그의 의도

세심하도다 그의 관심

광대하도다 그의 기억

자유롭도다 그의 마음

차별 없도다 그의 선택

맑도다 그의 생각

공평하도다 그의 도움

고요하도다 그의 내면

위엄 있도다 그의 행보

위안이 되도다 그의 위로

행복이 되도다 그의 밝음

기쁨이 되도다 그의 사랑

만물의 어머니이도다 그의 지위

감사하여라, 우리의 어머니 태양에게!

2020년 11월 8일

목숨

존재하는가 존재하지 않는가
그것은 목숨에 달려 있지 않네
사는가 살지 않는가
그것은 목숨에 달려 있네
영혼이 있는가 영혼이 없는가
그것은 목숨에 달려 있지 않네
감정이 있는가 감정이 없는가
그것은 목숨에 달려 있네
인연이 있는가 인연이 없는가
그것은 목숨에 달려 있지 않네
관계가 있는가 관계가 없는가
그것은 목숨에 달려 있네
사랑이 있는가 사랑이 없는가
그것은 목숨에 달려 있지 않네
애증이 있는가 애증이 없는가
그것은 목숨에 달려 있네
밝음이 있는가 밝음이 없는가
그것은 목숨에 달려 있지 않네
어둠이 있는가 어둠이 없는가

그것은 목숨에 달려 있네
기억이 있는가 기억이 없는가
그것은 목숨에 달려 있지 않네
추억이 있는가 추억이 없는가
그것은 목숨에 달려 있네
시간이 있는가 시간이 없는가
그것은 목숨에 달려 있네
영원(永遠)이 있는가 영원이 없는가
그것은 목숨에 달려 있지 않네

2020년 11월 14일

풍요

풍요는 누가 쥐여 주지 않는다네
내가 나에게 주는 것이라네
마법상자와 같아 나만이 열 수 있네
그 양과 질도 내가 정하게 하네
없다가도 갑자기 생겨난다네
끊임없이 솟아나는 부(富)라네
나누면 나눌수록 커진다네
내 몸과 마음 치유한다네
반드시 필요한 재물이라네
누구나 가질 수 있다네
보이지 않거나 잡지 못할 수 있다네
아무런 해를 끼치지 않는다네

풍요는 위대한 힘이라네
하늘의 선물이네
슬픔을 가져다주지 않네
두려움을 제거하네
밝은 현실을 제공하네
쌓아 둘 수 없네

몸과 마음이 기억하네
긍정의 에너지라네
걱정 근심 없고 더없는 기쁨이네
모두를 사랑하게 하네
너그러운 마음을 배우게 하네
남이 빼앗을 수 없네
차별을 모르네
분별을 모르네
자유를 가져다주네

풍요는 갖기로 결심하는 것이네
내 마음의 결실이네

2020년 11월 15일

죄악

비밀이 없도다

선택할 수 있도다

처음부터 죄인지 알고 있도다

죄악의 결과도 예상하고 있도다

자아는 활개 치도다

성스러운 본성(本性)은 고개 들지 못하도다

남보다 나를 더 해치도다

되돌릴 수 없도다

후회해도 소용없도다

큰 죄, 작은 죄 모두 같도다

내 영혼의 크기만큼 죄는 무거워지도다

저지른 자만이 죄를 용서할 수 있도다

윤회의 고리에 묶이게 하는 지름길이도다

즉시 회개해야 하느니라

반성의 고통 이겨 내야 하느니라

죄의 무게 견뎌 내야 하느니라

스스로에게 부끄러워지는 이유이니라

되풀이하지 말아야 하느니라

버릇이 되지 않도록 해야 하느니라

죄를 짓는 마음 다스려야 하느니라

죄를 짓게 하는 상황 다스려야 하느니라

죄를 짓는 자신 온전히 이해해야 하느니라

비겁함을 버려야 하느니라

집착을 버려야 하느니라

두려움을 버려야 하느니라

정당화하는 마음 버려야 하느니라

스스로를 올바르게 사랑해야 하느니라

삶의 의미를 명상해야 하느니라

곧 다가올 죽음을 명상해야 하느니라

2020년 11월 16일

수행의 열매

키워 가는 나의 마음
자라나는 나의 믿음
뿌리내리는 나의 깨달음
모두 진리를 열매 맺기 위함이라네

나의 마음, 믿음, 깨달음
모두 진리를 알고 전하기 위함이니
그 진리의 열매, 나만을 위한 것 결코 아니라네
수행의 나무는 그렇게 나와 너를 위한 열매 맺네
봄에는 아름다움과 여유로움의 열매 맺고
여름에는 자유로움과 행복의 열매 키우고
가을에는 풍요와 나눔의 열매 드리우고
겨울에는 인내와 끈기의 열매 간직하네

나와 너를 위한 열매는 항시 존재하나니
눈과 마음 맑고 열려 있는 자
그 존귀함 알아보고 열매 따가네

나누는 기쁨 누리는 수행자는 행복하여라

그러나 수행의 열매는 쉽게 가꿔지지 않는다네
과연 열매를 맺게 될까?
언제 열매를 얻을 수 있을까?
내가 이 나무를 기를 수 있을까?
그처럼 수행자는 늘 염려하네

하나 참된 수행자는 하늘의 축복받을 줄 아나니
수행의 나무가
하늘이 주는 햇빛, 하늘이 주는 비,
하늘이 주는 바람, 하늘이 주는 눈
모두 축복 속에 영위하게 하네

진정한 수행자는 언제나 끊일 줄 모르는 믿음으로
수행의 나무 보살피고 자라게 한다네

2020년 11월 17일

시간

참으로 오묘하도다 시간이란 존재는

필요한 이에게는 생기고
필요치 않은 이에게는 사라지네
기억이 존재하는 곳에서는 살아 달려가고
기억이 없는 곳에서는 멈춰 버리네
비교하는 존재가 있으면 작동하고
비교를 멈추면 죽어 버리네
성장하고 싶은 이에게는 그 동반자 되어 주고
성장을 멈춘 이에게는 아무 소용없네

참으로 요상하도다 시간이란 존재는

많이 갖고 싶은 이에게는 줄어들고
적었으면 하는 이에게는 늘어나네
잡고 싶어도 잡을 수 없으며
멈추고 싶어도 멈춰지지 않고
흘려보내고 싶어도 자꾸 찾아오며
앞으로 당기고 싶어도 기다리게 하고

기다리지 않으면 찾아오네
그 무엇 하나 쉽지 않은 것이 시간이라네
시간은
나와 너를 줄 세우고 현상들을 모두 기록하나
그 존재들 모두 이내 망각시키네

참으로 인정 없도다 시간이란 존재는

모든 이의 감정과 생각 품어 되살아나게 하고
모든 이의 경험 묻어 버리고 파헤치며
모든 이의 현재를 과거로 만들고
모든 이의 미래 알지 못하게 숨겨 두네

오! 그대 수승한 수행자여,
이런 종잡을 수 없는 시간의 노예가 되지 말아야 하거늘

항상 기억하라, 시간도 역시 하나의 허상(虛像)임을!

2020년 11월 18일

선행

다르기는 하다네 이 행동은

다른 이가 남을 밀칠 때
나는 남을 일으켜 세우고
다른 이가 남을 속일 때
나는 남에게 진실을 말하며
다른 이가 남을 험담할 때
나는 남을 칭찬하고
다른 이가 남을 오해할 때
나는 남을 이해하며
다른 이가 남을 미워할 때
나는 남을 사랑하고
다른 이가 어려움에 처해 있을 때
나는 그를 돕는다네

선행이란 위험하기도 한 행동이라네
남보다 더 나아 보이려
남보다 더 여유 있어 보이려
남보다 더 훌륭해 보이려

남보다 더 착해 보이려

남보다 더 덕(德)을 많이 쌓으려

남보다 더 칭찬받으려

나는 가끔 선행을 베푼다네

그렇게 남을 통해 나를 우월하게 만들고

남을 통해 나를 돕고

남을 통해 나를 완성하려 한다네

그런 나는

진정한 선행이란

오로지 나를 비워 남을 채워 가는 것임을

아직 깨닫지 못한 것이라네

2020년 11월 19일

용기

용기를 가지려는 자 물으라!

확신이 있어야 하는가?
믿음이 있어야 하는가?
마음이 단단해야 하는가?
경험이 있어야 하는가?
지식이 있어야 하는가?
동반자가 있어야 하는가?
풍족함이 있어야 하는가?
선례(先例)가 있어야 하는가?
결심이 있어야 하는가?
두려움이 없어야 하는가?
자만이 없어야 하는가?
망상이 없어야 하는가?
기대가 없어야 하는가?
욕망이 없어야 하는가?
거짓이 없어야 하는가?
책임감이 없어야 하는가?
우둔함이 없어야 하는가?

오해가 없어야 하는가?

그러나 용기의 바탕을 아는 것도 어려운 일이네
용기를 내는 이유 알아야 하고
용기를 내는 순간 알아야 하고
용기를 내는 목적 알아야 하고
용기를 낼 수 있는 조건 알아야 하고
용기를 보여야 하는 상대 알아야 하고
용기가 선한지도 알아야 하네
그러니 용기는 함부로, 아무나 내서는 안 되는 것이네

그런데도 용기가 필요한 사람은 마지막으로 물어야 할 것이네
'아무것도 중요시하지 않는 마음'
'모두 괜찮다'라는 마음 갖고 있는가를

2020년 11월 20일

감사

감사는 존재를 만드네

내가 있는 이유

내가 태어나는 이유

내가 사는 이유

내가 죽는 이유

이 모든 것 감사해야 하는 것들이네

그러니 감사함을 모르는 자 참으로 불행한 존재이네

내가 있는 것이 당연하고

내가 태어나는 것이 당연하고

내가 사는 것이 당연하고

내가 죽는 것이 당연한 이 마음들은 모두

감사를 모르기 때문에 생겨난다네

기적을 만드는 감사함 누구나 알아야 하거늘

고난을 이겨 내게 하고

고통도 참아 내게 하며

슬픔을 잠재우고

외로움도 다스리며

절망을 사라지게 하고

두려움도 덮어 버리는 그런 감사함을 말이네

한 번 사는 인생
두 번 사는 인생
돌고 도는 윤회의 인생

이 모든 것 감사하는 마음으로 보면 그저 기쁠 뿐이니
오늘 감사하지 못했으면 내일 감사하고
어제 왜 감사해야 하는지 몰랐다면
오늘은 감사함의 중요성 이해해야 할 것이네

감사하는 마음
그것이 내 영혼의 갈 길 결정하기 때문이라네

2020년 11월 21일

운명

예외가 없는 운명은 모든 것을 가능케 하네
예외가 없는 운명은 모든 것을 필연으로 만드네
예외가 없는 운명은 필요한 모든 것을 갖게 하네
예외가 없는 운명은 모든 것을 존재하게 하네
예외가 없는 운명은 모든 것을 설명할 수 없게 만드네
예외가 없는 운명은 모든 것을 받아들이게 만드네

나는 내가 왜 이런 모습으로 태어났는지 설명할 수 없고
나는 내가 왜 이 사람들과 가족이 되었는지 모르며
나는 내가 왜 이런 환경에서 살아야 하는지 모르고
나는 내가 왜 이런 경험하는지 모르네
운명이란 그런 것이네
완벽하지만 설명할 수 없는 것이요
설명할 수는 없지만 완벽한 것이네

그러니 내가 인간으로서 설명하고 이해하는 것 운명 아니요
고의로 계획하고 추진하는 것 또한 운명 아니네
운명은 계획되는 것이나 의식하는 것 아니요
운명은 계획되나 이해되는 것 아니요

운명은 경험하나 소원하는 것 아니네
운명은 그저 하나의 큰 그림, 참으로 우주적인 것이라네

나의 삶과 운명은 단지 우주 운명의 한 부분일 뿐이네
굴러가는 수레바퀴가 왜 굴러야 하는지 모르듯이
수레의 탄생과 수레의 운명은 계획되나
바퀴는 그 모든 것의 한 부분일 뿐이네
이는 모두 필연적인 운명이네
존재의 필연성이란 바로 그런 운명이라네

2020년 11월 22일

윤회

모든 것은 돌고 돈다지 않는가?

우주도 돌고
행성도 돌고
지구도 돌고
해도, 달도, 별도 돌고
흙도, 물도, 불도 돌고
몸도, 마음도, 인연도 돌고
시간도, 역사도, 경험도 돈다지 않는가?
그렇듯 윤회란 꽃이 피고 졌다 다시 피는 것처럼
뭇 존재를 돌고 돌게 하네

처음과 끝이 없이
하나의 과정을 반복하는 윤회는
지금보다 더 나은 자신의 영혼 만들려고
끊임없이 돌고 도는 것이네

만나고 싶으면 다시 만나고
하고 싶으면 다시 하고

아프고 싶으면 다시 아프고

기쁘고 싶으면 다시 기쁘려고

숙명은 번복되는 것이네

피곤해도 지겨워도

지쳐도 싫어도

다시 해야 하는 윤회는

내 영혼이 참나 발견하여

자유 성취하고

내 영혼의 신성(神聖) 다시 찾아

그 완성 이룰 때까지

나의 영혼 계속 돌고 돌게 한다네

2020년 11월 23일

믿음

따라 말하여라!
믿음을 가져야 한다
믿음을 가져야 한다
내 자신을 하늘에 맡겨야 한다
내 자신을 하늘에 맡겨야 한다
모든 것은 하늘의 뜻이다
모든 것은 하늘의 뜻이다

잊지 말거라!
모든 것의 근원은 믿음임을
믿음을 가진 자, 의문이 없도다
믿음을 가진 자, 판단하지 않도다
믿음을 가진 자, 두려움이 없도다

하늘의 절대권력 믿는 자, 행복하여라
하늘의 절대권력 믿는 자, 하늘의 종이 되도다
어떤 상황이 믿음을 주는 것 아니요
어떤 상황에만 믿음을 갖는 것 믿음 아니요
누가 나에게 줄 수 있는 것 또한 믿음 아니니

하늘에 대한 믿음 있는 자, 온전한 평화 속에 살도다

그런 믿음 있는 자, 파괴될 수 없으며

그런 믿음 있는 자, 불행하게 만들 수 없으며

그런 믿음 있는 자, 혼란에 빠뜨릴 수 없노라

영원(永遠)을 믿고

긍정의 힘 보이며

확신에 찬 행동으로

나를 살리는 자

언제나 흔들리지 않는 믿음으로 하늘과 소통하노라

2020년 11월 24일

자유

인생을 살면서 무엇을 보고 자유롭다 생각했느냐?
그 대상을 관찰하며 그것에서 자유를 배우렴

새를 보고 자유롭다 생각했다면
새는 눈이 오나 비가 오나
해가 뜨나 지나
공기가 맑거나 탁하거나
구름이 있거나 없거나 자유로움을 기억해야 한다
새에게는 과거도 미래도 없음을 기억해야 한다
새에게는 근심도 걱정도 없음을 기억해야 한다
그런데도 새들은
너무나 자유롭게 하늘을 나는구나!

나무를 보고 자유롭다 느꼈다면
나무는 평생 한 곳에 서 있기만 해도
모든 이가 자신의 가지와 잎과 열매를 따가도
사람들이 자신에게 상처 주어도
동물들이 자신의 몸에 집을 지어도 자유로움을 기억해야 한다
나무에게는 이기심이 없음을 기억해야 한다

나무에게는 기대와 희망이 없음을 기억해야 한다
그런데도 나무들은
너무나 자유로운 평화의 뿌리를 내리고 서 있구나!

자유란 보석같이 귀중하지만
아무에게나 주어지지 않는 하늘의 선물이니라
그 은혜 받으려면
새처럼 모든 것 놔야 하고
나무처럼 모든 것 비워야 하느니라
어떠한 바람도 어떠한 욕심도 없을 때
진정한 자유는 너에게도 찾아오리니

2020년 11월 25일

"인생을 살면서 무엇을 보고 자유롭다 생각했느냐?"

헌신

헌신하려는 자 알아야 하리

다른 이만을 위한 헌신이란 없음을

아프고 괴로워도

힘들고 고달파도

남을 위한 것들 모두 나를 위한 것이니

이는 내 영혼 고귀해지고

내 영혼 살리는 길이네

남을 위한 헌신이 자신을 위한 헌신이 되게 하여

하늘이 스스로를 돕는 자 축복하게 만들기 바라네

나만을 생각하고

나만을 위하고

나만을 구하는 일

오직 진리를 향한 추구에만 허용되니

그 목적 이룬 자 다른 이를 위해 헌신해야 하리

그렇게 이어지는 헌신은

나를 통해 너를 살리고

너를 통해 나를 살리게 한다네

영혼의 친구

운명의 단짝
숙명의 원수
그 모두를 살리는 길 오직 헌신뿐이네

그러니
나를 넘어서는 용기
나를 넘어서는 자비심(慈悲心)
나를 넘어서는 원대함 가져야 하리
그렇게 후회 없이 헌신하는 자
모두에게 큰 희망이 될 것이니

2020년 11월 26일

진리

모든 것의 시작이요

모든 것의 끝인 진리

그 어느 누구도 피해 갈 수 없네

우주 만물의 비밀이 진리에 녹아 있나니

자신의 존재 이해하고 사랑하고자 하는 이들은 모두

이 진리 찾아 떠나네

때론 방황하고 때론 고통스러우나

진리 찾는 여정 그 어떤 여정보다 소중하다네

눈먼 장님처럼

태어났으나 왜 태어났는지 모르고

살아 있으나 왜 사는지 모르고

죽으나 왜 죽는지 모르는 이는

이 진리 깨닫지 못한 것이니

그는 참으로 불행한 영혼인 것이네

나의 삶과 존재가 버거워질 때

그 부담 놓아 버리고

그대의 영혼 한번 하늘에 띄워 보게나

중요한 일, 걱정스러운 일, 슬픈 일
모두 그 공간에서 사라질 것이네
그리고 보게 될 것이네
그곳에 남는 것은 그저
숨 쉬고 살아 있는 내 몸과 영혼뿐이라는 것을
또한 알게 될 것이라네
그것만으로 충분하다는 것을
그것만으로 행복하다는 것을
그것만으로 고맙다는 것을
그것만이 옳다는 것을

이 깨달음 주는 하늘은
바로 우주 만물의 진리가 사는 곳이라네

2020년 11월 27일

죽음

아주 잠깐이라네 '죽음이 오는구나' 생각하는 순간은
아주 잠깐이라네 죽음을 맞이하는 순간은
아주 잠깐이라네 죽는다는 것은
그리고 그 잠깐의 시간을 지나 모든 인간은 비로소 알게 된다네
그 잠깐 때문에 평생을 허비했음을
죽음을 두려워하느라 시간을 보내고
죽음을 생각하지 않으려 시간을 보내고
죽음을 회피하려 시간을 보내고
죽음을 부정하느라 시간을 보냈다는 것을

그들은 미처 알지 못한 것이네
죽음은 두려워할 일도, 피해지는 것도
존재하지 않는다 믿을 수 있는 것도 아니었다는 것을

죽음을 인정하고 명상하는 자에게 축복 있을지어다
삶 바로 옆에 늘 존재하는 죽음
이를 마음으로 보고 있는 그는 참으로 현명하도다
죽음이 없는 시간, 죽음이 없는 장소 없으니
죽음은 진정 삶의 일부인 것이네

죽음을 사랑하는 자 행복하여라

고통을 없애는 죽음

번뇌를 없애는 죽음

집착과 욕망을 없애는 죽음

그런 죽음을 알고 있으니 진정한 삶도 살 수 있네

그러나 이보다 더 행복한 자 있으니

그는 삶과 죽음을 해탈(解脫)하여

그 둘이 전혀 다르지 않음을 알게 된 자이네

이 깨달음으로 그는

스스로에게 '영원한 존재함' 선물한다네

2020년 11월 28일

겨울

한 번쯤은 너도 나도 쉬어 가야 하므로
한 번쯤은 너도 나도 멈춰 서야 하므로
한 번쯤은 너도 나도 생각들 마음에 품어야 하므로
겨울은 찾아오네

꽃 피우고 싶어도 피울 수 없고
가지 키우고 싶어도 키울 수 없고
열매 맺고 싶어도 맺을 수 없지만
이 불가능의 시간은 결코 헛되지 않는다네
내일 더 푸르기 위해
내일 더 커지기 위해
내일 더 풍성하기 위해
내 영혼 담은 소원 겨울의 숨결에 맡기네

눈 속에 숨은 꽃봉오리
얼음 호수 아래를 거니는 물고기
찬 바람 속에서 하늘을 나는 새처럼
봄을 향한 우리의 믿음은 깊고 성스럽다네

고난은 고난이 아니고
장애는 장애가 아니며
속박은 속박이 아님을 알게 해 주는 겨울은
우리 모두가 그 안에서 인생을 배울 수 있게 돕는
고마운 스승이라네

그러니 부디 그 스승에게서 참된 마음 배워
동산에 아름답게 피어나는 꽃으로
호수 위로 튀어 오르는 물고기로
뭉게구름을 가르며 나는 새로
다시 새롭게 태어나길 바라네

2020년 11월 29일

"한 번쯤은 너도 나도 쉬어 가야 하므로
겨울은 찾아오네"

축복

축복에는 여러 이름이 있다네

하늘이 내리는 축복

땅이 내리는 축복

부모가 내리는 축복

남이 내리는 축복

내가 내리는 축복

이름은 다르지만 그 본질은 하나라네

축복은 물질이 아닌 마음의 선물이요

그 무엇보다도 강해 뭐든 막아내는 방패라네

그 축복의 힘으로 나는

어려움을 견뎌 내고

외부의 공격을 막으며

건강과 행복 유지한다네

남에게 축복받고 있지 못하다 생각하면 부모의 축복받고

부모의 축복 없으면 땅의 축복 얻고

땅의 축복 얻지 못하면 하늘의 축복받을지니

축복 없이 사는 만물은 이 세상에 없다네

그처럼 하늘의 축복은 거대하고 멈춤이 없다네

이 비밀 알았다면 머리와 가슴 열어
그 축복받아 가야 하리

버릇처럼 생긴 불운에 대한 믿음
경험으로 생긴 불행에 대한 집착
이 모두
하늘을 모르고 그의 축복받아 보지 못했기에 생겨나는 것이네

하지만 깨달은 수행자는 안다네
하늘의 축복은 내가 내리는 축복과 같음을
나의 축복은 하늘의 축복과 연결되어 있다는 것을
그러니 늘 스스로를 사랑하고 축복해야 하는 것이네
그곳에 하늘의 축복도 함께 있으니!

2020년 11월 30일

꿈

얼마나 다행인가, 꿈을 꾼다는 것이!
얼마나 다행인가, 꿈이 있다는 것이!

꿈을 통해
나의 마음 알아내고
꿈을 통해
내가 꿈꾸는 현실 만들어 내고
꿈을 통해
나의 두려움과 문제 들여다보네

꿈은 그처럼 내 마음이 빚어내는 세계인 것이네
내 마음 평온하면 그 세계 안에 평화 있고
내 마음 어지러우면 그 세계도 혼돈에 쌓인다네
그러니 꿈에 동요하지 말고 꿈의 도움을 받기를
내가 누군지 모르는 이, 꿈을 통해 그것 알아낼 수 있고
내 마음 몰랐던 이, 꿈을 통해 이를 가늠하나니
꿈이야말로 무지(無知)한 이가 매일 밤 모실 수 있는
자기만의 스승인 것이네

그렇게 꿈이라는 스승의 가르침 받다 보면

언젠가 깨닫게 될 것이라네

꿈과 현실이 다르지 않다는 것을

현세(現世)에서 살아 움직이는 것도 꿈이요

내 머릿속의 생각도 꿈이요

내 마음속의 감정도 꿈이요

이 세계도 꿈이요

저 세계도 꿈이라는 것을

이 구분 없는 두 세계는 결국 하나의 세상인 것이네

그러니 부디 마음공부 열심히 하여

이 두 세계 하나로 만들고

그 안에서 행복하길 바라오

2020년 12월 1일

수행

하늘의 축복 있도다 수행을 알게 된 이에게
육신을 입고 태어나 살아가는 것만이 삶이 아닐지니
먹고 자고 일하는 것이 어찌 수행을 이기리
수행은 그 어떤 행위보다 가치 있도다

배고픔을 채우는 식사
피곤함을 잠재우는 수면
재물과 명예를 가져오는 업무
그 어느 것도 내 영혼 찾는 수행보다 의미 없으리
수행은 배고픔도, 피곤함도, 가난함도 잊게 하고
그것들의 실체를 보게 하나니
나의 참나는 그 모든 것이 충족된다 하여
얻어지는 것이 아님을 배우게 하네

참나가 없는 사람은
배불러도 배고프며
잠을 자도 피곤하고
일을 해도 빈곤한 것이네
채워지지 않는 부족함

가라앉지 않는 외로움으로 고통스러워한다네

그러나 수행을 하게 된 자는
드디어 영혼의 독에 생명 채워 넣는다네
조금씩 조금씩
매일매일 기도하며
죽는 날까지 수행한다네
그렇게 한번 시작한 수행은 절대 다시 끊기지 않게 되네
수행을 통해 새 삶을 살아가고
수행을 통해 진정한 행복 발견하고
수행을 통해 하늘의 기운 받으며
수행을 통해 '나'에게 다시 귀의(歸依)한다네

2020년 12월 2일

기억

기억이 있기에 내가 있고 네가 있다고 하며
기억이 있기에 과거가 있고 미래가 있다고 하네
기억이 있기에 생각이 있고 감정이 있다고 하며
기억이 있기에 희망이 있고 절망이 있다고 하네
기억이 있기에 목적이 있고 계획이 있다고 하고
기억이 있기에 모든 것이 일어난다고 말하네

하지만 나와 너를 존재시키고
시간, 인생 그리고 역사를 만들어 주는 기억들이
중요하고 필요한지 한번은 물어야 할 것이네
'이미 나를 만든 그 기억들 과연 지금도 필요한가'
'이미 지나가 버린 것들에 대한 기억이 정말 중요한가'

기억의 굴레에서, 기억의 지배에서 벗어나는 것은
수행자의 임무이네

시간이 흐르듯, 물이 흐르듯, 공기가 흐르듯
기억도 흘러가니
기억을 다루는 방법은 놔주는 것밖에는 없네

그러니 기억을 움켜쥔 이는 수행에 성공할 수 없다네
우주의 섭리와 계획에 따라 과거의 나는 생각하고 행동하였으며
지금의 나는 그것의 결과인 것이니
거기에 기억이 끼어들 자리는 없어야 하는 것이네
기억이 과거와 미래를 만든다고 믿을지언정
현재를 만들어서는 결코 안 되기 때문이네

과거를 받아들이고 흘려보내면
기억도 사라지고
현재에 기억을 소환하지 않으면
미래도 그 기억과 상관없이 펼쳐지리

모든 것은 그저 하늘의 계획임을
반드시 깨닫길 바라네

2020년 12월 3일

생각

머리에 들어 있을 뿐이라네 생각이라는 것은
머리는 가기도 하고 오기도 하는 생각이 머무는 자리일 뿐이라네
머리가 없으면 생각도 없는 것이니
이는 참으로 요상한 단지가 아니겠는가?

모든 생각은 이 단지에 들어가면
그 형태와 의미를 바꾸고
들어간 생각 다시 나오지 않을 때도 있고
나간 생각 다시 들어오지 않을 때도 있으며
하나였던 생각 둘이 되기도 하고
둘이었던 생각 하나가 되기도 한다네

이런 신비한 단지 갖고 있는 자
이를 잘 이해하고 돌봐야 하리
그것 갖고 있다고 행복해할 것 없고
더 나은 것 갖고 있다 자만해서는 안 되며
그것 남용하고 악용하지 말아야 하고
그것의 노예 되어 집착하거나 고통받아서도 안 된다네

생각들이 자유롭게 넘나들 수 있게
단지의 덮개는 늘 열어 두시게나!
물이 고이면 썩듯이
생각도 어두운 곳에 너무 모아두면 결국엔 썩고 마니
그러니 가는 생각 가게 놔두고 오는 생각 오게 허락하며
들어온 생각 한곳에 오래 머물지 않도록 유의하여야 하네

그리고 항시 잊지 않길 바라네
그 생각의 단지도 언젠가는 깨져 없어지고 말 존재라는 것을!

2020년 12월 4일

행복

작으면 작을수록 좋은 것이 바로 행복이라네

소소함에서 찾는 행복은
겸손한 자가 누릴 수 있는 최상의 부(富)일지니
욕심과 기대가 없는 그는
가장 많은 것에서 또 가장 많은 곳에서
행복하게 되네
그렇게 행복한 그는 자신의 행복 늘려 간다네
눈을 뜨고 세상을 보는 것도 행복하게 하고
눈을 감고 꿈속을 여행하는 것도 행복하게 하는 그는
행복이란
내가 보고 느끼고 영위하는 만물에서 나오는 것임을 아네
행복은 비록 요구할 수도, 선물 받을 수도 없지만
내 스스로 만들 수 있는 것이기 때문이라네
그러니 한평생 살면서 행복을 갈구하지는 말기를
그것은 참으로 헛된 일일지니!

행복을 진정으로 원한다면 먼저
내 마음 열어야 할 것이요

감사하는 마음 느껴야 할 것이요
존재의 신비 이해해야 할 것이요
하늘의 무한한 축복 믿어야 할 것이네

이 갖기 어렵지만 항상 가까이 있는 행복은
행복하고자 하는 이에게 언제나 주어지는 것이니
행복은 권리도, 의무도 아닌 선택인 것이네

이 진리 깨달았다면
지금이라도 행복과 친해져야 하리!
행복을 담을 나의 마음 준비시켜야 하리!

2020년 12월 5일

여행

참으로 즐겁고 흥미롭구나
여기서 저기로 다니는 것은

내가 알고 있는 것, 내게 익숙한 것 모두 뒤로하고
새로운 것 경험하러 떠나네
놀랍고 이상하고 부럽고 새로운 것 보고 느끼며
나의 영혼은 감흥 받는다네
그러나 똑같고 비슷하고 친근하고 달라지지 않는 것 보고 느끼며
나의 마음은 안주하기도 한다네

젊어서나 늙어서나 여행은 갖지 못했던 기회 얻게 하네
젊은이는 미리 늙을 기회 얻고
늙은이는 다시 젊어질 기회 얻게 하니 말이네
그러니 이 모든 변화는 한세상 살아가는 데
특별한 선물이 되는 것 아니겠는가?

책을 읽는 것보다 내 눈으로 다른 세상 보는 것이 더 중요하고
강연을 듣는 것보다 내 귀로 다른 사람들의 대화 듣는 것이 더 가치
있으니

여행을 통해 얻은 모든 경험
소중한 기록으로 내 몸과 머리에 저장된다네
기름지고 좋은 땅에서 큰 나무 성장할 수 있듯이
그렇게 저장된 지식들은
내 영혼의 나무 심을 비옥한 흙이 되어 주리니
집에 있지만 말고 밖으로 나가야 한다네

머리 안에만 있지 말고 밖으로 나아가게나!
마음 안에만 있지 말고 밖으로 나아가게나!

여행이란 멀리 가야 하는 것이 아니라네
나의 오래된 껍질 벗어 두고 떠나는 것이네
여행이란 미리 계획해야 하는 것도 아니라네
나의 오래된 거처에서 그저 나가는 것이네
그러니 부디 두려워 말고
항시 여행하는 마음으로 살아가길 바라오

2020년 12월 6일

소원

잘 결정하여야 하네, 소원을 말할 때
소원은 내 영혼의 요구이니
한 치의 욕심과 부당함이 없어야 하네, 소원을 말할 때
소원은 나와 다른 이에게 영향 줄 수 있으니
순수한 간절함 있어야 하네, 소원을 말할 때
소원은 하늘에 닿아야 하니
작은 의심도 없어야 하네, 소원을 말할 때
소원은 이루어져야 하니
여유로운 마음 가져야 하네, 소원을 말할 때
소원은 시간과 장소 상관치 않으니
선한 생각 가져야 하네, 소원을 말할 때
소원은 나에게 결과 가져오니
행동할 준비하여야 하네, 소원을 말할 때
소원은 내 행위를 통해 이루어지나니

나를 통한 소원 이루었으면
이제 그것의 힘 믿어야 하네
그 소원의 힘 보고 배웠으면
그때는 나를 벗어난 소원을 하길 바라네

나만을 위한 소원은 단지 연습에 불과한 것이니

하늘에 소원 담아 기도하여 대답 들은 자
반드시 깊은 감사함에 눈물 흘리게 되네
하늘의 크나큰 사랑 느끼며
다른 사람에게도 그 힘 전달되라 소원하게 된다네
그렇게 소원은 나에게서 다른 이로 옮겨 간다네

그 모습 보면서
내 영혼과 하늘은 진심으로 기뻐한다네

2020년 12월 7일

고통

고통은 쓰라리겠지만

고통이 와야 하는 이유

고통을 겪는 이유

고통을 극복해야 하는 이유 모두 있다네

의미 없는 괴롭힘이란 이 우주에 없는 것이니

고통이 찾아와 괴로우면 오히려 고마워하고 즐거워하게나

하늘은 사랑하는 이에게, 더 많은 관심을 보여야 하는 이에게

고통을 주는 것이니

고통을 느낀다면

반드시 그 의미를 찾아 보게나

고통은 신비한 병(病)과 같아

그 이유 찾아내는 이에게는 멈추게 되어 있네

언제 고통스러웠냐는 듯이 고통은 이내 사라지고

그 자리에는 환희의 감사함이 자리 잡게 될 것이네

힘든 인생, 고통받는 인생 산다 믿는다면

모든 게 '하늘이 나를 너무 사랑해서이다' 라고 생각해야 하네

하늘이 버려 두는 생명이란 본래 없어

누구나 각자의 방식으로 구원받을 기회 얻게 되나니

고통만 있는 인생이란 없으며

그 고통도 바로 내가 구원받을 기회인 것이네

그러니 고통으로 인해 고달프더라도

삶이 힘들어 죽고 싶더라도

나만 소외받는다 생각되더라도

하늘의 큰 자비(慈悲)와 은혜

내 모든 아픔 속에 스며 있음을 의심하지 말아야 할 것이네

행복한 삶을 사는 그 누군가도

고통받는 삶을 사는 내 자신도 모두

하늘이 소중하게 품어 주는 생명인 것임을 잊지 말길 바라네

2020년 12월 8일

지옥

세상 사람들은 지옥이 무서워 두려워 떤다네
하지만 그들은 알지 못한다네
현세(現世)가 이미 지옥이라는 것을
내 마음 안이, 내 머리 안이 이미 지옥이라는 것을

어떤 이들은 지옥이 없다고 생각한다네
그들은 그 믿음으로 삶을 지옥으로 만드네
해서 안 되는 일들을 하고
가져서는 안 될 생각을 하며
자신과 남의 삶 지옥으로 만드네
다른 이들은 지옥이 있다 생각한다네
그들은 그 믿음으로 삶을 지옥으로 만드네
죄를 지을까 두려워 자신을 감시하고
모든 말과 생각, 행동을 지옥에 가느냐 안 가느냐에 맞추어 시현하네
자유와 자비심(慈悲心)이 없는 마음으로
자신과 남의 삶 지옥으로 만드네
그렇게 지옥이 있다 믿어도, 없다 믿어도
대부분의 사람들은 지옥 같은 삶 살아가고
지옥 만들어 낸다네

반드시 기억하길 바라네!
지옥을 믿는 자 천국도 믿어야 하고
지옥을 믿지 않는 자 천국도 믿지 못하여야 하니
지옥은 없는데 천국만이 있을 수는 없고
천국은 없는데 지옥만이 있을 수는 없다는 것을
그러니 천국 같은 삶 살고 싶으면
지옥의 실체를 알아야 하리

지옥은 내가 만드는 존재인 것을
지옥을 만드는 자
천국 역시 만들 수 있어야 하는 것임을 알아야 하리

전지전능한 것은 신(神)이 아니라
오로지 내 마음뿐이니!

2020년 12월 9일

질투

질투는 모든 것을 파괴하는 무서운 힘이네

남을 사랑할 기회도

나를 사랑할 기회도

남을 인식할 기회도

나를 인식할 기회도 모두 파괴하고 만다네

질투는 나를 늘 부족하게 만드는 무서운 힘이네

왜 나는 이럴까? 저럴까?

왜 나는 이렇게 저렇게 하지 못할까?

남을 향한 질투엔

끝없는 자기비하와 학대가 담겨 있네

질투는 자애(自愛)의 척도라네

나를 받아들이는 자 질투 없으며

나를 이해하는 자 질투 모르며

나를 사랑하는 자 질투하지 않는다네

나 비록 못 생기고, 가난하고, 무지(無知)하고, 형편없어도

그런 자신 받아들이고 이해하고

자신의 한계와 발전 함께 사랑하는 자

나와 남 절대 서로 비교하지 않으니
그는 못생겨도 잘생긴 사람이요
가난해도 부자인 사람이요
무지하지만 지혜 있는 사람이며
형편없어도 대단한 사람인 것이네

질투를 모르는 자 인간계의 진정한 승자이네
제아무리 다른 이의 질투 받는 근사한 사람이어도
스스로 질투를 알고 느끼면 결국 모자라는 사람인 것이니
이 깨달음 얻은 자만이
진정 행복하고 훌륭한 마음 가질 수 있을 것이네

2020년 12월 10일

희망

아주 밝은 이 마음은
어두운 생각 모두 몰아내네
아주 가벼운 이 마음은
무거운 짐 모두 내려놓게 하네
아주 강한 이 마음은
허약한 근기 모두 잊게 하네
아주 성스러운 이 마음은
악마와 같은 부정성 모두 제거하네

희망은 모든 고난과 역경 극복하게 하고
희망은 모든 절망과 슬픔 이겨 내게 하니
희망은 아픈 인생을 위한 최고의 명약이라네
인생은 쉽지 않고 쉬울 수도 없게 계획되나
희망이라는 것을 알게 해 주는 고마운 여정이라네

수없이 높고 낮음을 경험하고
수없이 동요하여
인생이 힘들고 지겨워질 때면
희망은 반드시 찾아온다네

절망이 초대한 손님이 희망이요
고난이 초대한 손님이 희망인 것이네
이 반가운 손님은
어두웠던 나의 마음 밝혀 주고
무거웠던 나의 생각 가볍게 해 주니
희망을 초대한 자는
그를 기꺼이 모심으로써 그에게 보답하네

"감사합니다. 희망이시여,
당신 덕분에 저는
다시 용감하게 살아갈 마음 먹습니다!" 하고 말하네

2020년 12월 11일

과거 현재 미래

너무나 다행스러운 일 아니던가?
모든 것이 과거라는 것이
매초, 매초, 매 순간
모든 생각과 말 그리고 행동이 과거로 둔갑하니
아무리 힘든 상황이라도
아무리 고통스러운 문제라도
눈 깜짝할 사이에 과거의 유물 되고 만다네

현재는 단지 과거와 미래의 연결점일 뿐이네
원하지 않아도 모든 것은 과거가 되고
원하지 않아도 미래는 오게 되니
지금 할 수 있는 유일한 것은
그냥 사는 것이네
현재라는 생각조차 없이 사는 것이네
그러니 현재를 염두에 두지도
미래를 염원하지도
과거를 추억하지도 말게나
모두 부질없는 짓이요
지나가 버린 꿈, 다가오지 않은 꿈일 뿐이니

이 오묘한 관계성 이해했다면
공성(空性)을 향한 깨달음 증득(證得)해 보게나!

아무것도 존재하지 않음을 알게 해 주는 것 세상에 많으나
과거, 현재, 미래만큼 이것 뚜렷이 보여 주는 대상 없으리
가슴 아파할 새도 없이
후회할 새도 없이
고통받을 새도 없이
현재는 과거 되고
현재는 미래 되니
이 어찌 공(空)하지 않으리?

2020년 12월 12일

"현재는 과거 되고
현재는 미래 되니
이 어찌 공(空)하지 않으리?"

자비심

자비심(慈悲心)은 모든 것을 치유한다네
내가 겪은 일들, 내가 남에게 한 일들
모두 자비로 용서하면

자비심은 안식을 선물한다네
과거를 포용하고
현재를 이해하고
미래를 허용하니

자비심은 만물을 평등하게 하네
비천한 자 감싸 주고
권위 있는 자 받아들이게 하니

자비심은 사랑의 표현이네
미움 가라앉게 하고
증오 사라지게 하니

자비심은 세상을 밝히네
너도 소중해지고

나도 아낌 받게 되니

자비심은 영혼을 성장하게 하네
고통에서 벗어나게 하고
삶의 진리 찾게 하니

자비심은 생각의 전환이네
받아들이겠다 결심하면 생겨나고
이해하겠다 정하면 변화하게 하니

자비심은 하늘의 마음이네
차별이 없고, 구별이 없으니

자비심은 공성(空性)으로의 길이네

인생은 짧고
중요한 것도, 불변하는 것도 없으니
자비를 베풀지 못할 이유는 없는 것이네

2020년 12월 14일

육체

신(神)이 없다고 믿는가?
우주의 존재를 상상할 수 없는가?
그렇다면 당신의 몸을 들여다보기를
몸이 바로 '신'이 있다는 증거요
곧 우주이니

그대의 육신 허약하다면
이는 모두 '신'인 그대 정신이 허약하기 때문이리
당신의 행동이 완벽하지 않다면
이는 모두 '신'인 그대 마음이 불충분하기 때문이리
내가 나의 정신과 마음 올바르게 하면
나의 몸은 저절로 온전해지리니
내 몸 잘 간수하기 위해
늘 기도하고 수행해야 하리

나의 마음과 정신이 더 큰 우주의 한 부분이요
그 우주의 '신'이기도 하듯이
내 육체도 그런 정신과 마음이 만들어 내는
또 하나의 우주라는 것을 알아야 하네

머리가 있어 생각하게 하고

눈이 있어 보게 하며

코가 있어 냄새 맡게 하고

귀가 있어 듣게 하며

심장 있어 느끼게 하고

손과 발이 있어 창조하게 하며

장기들 있어 몸에 들어온 것 소화하게 하니

영혼은 이 모든 경험 모아

육체라는 소우주 돌아가게 하는 것이네

그러니 아프고 병들면

먼저 정신과 마음에게 안부 묻고 치유해야 하리

그들이 내 몸의 '신'임을 깨닫고 믿게 해야 하니

2020년 12월 15일

그럴 수도 있지요

그게 아니야!

네, 그럴 수도 있지요

그렇게 되지 않을 거야!

네, 그럴 수도 있지요

할 수 없을 거야!

네, 그럴 수도 있지요

다 소용없는 일이야!

네, 그럴 수도 있지요

아직 이해 못 했구나!

네, 그럴 수도 있지요

오해하고 있구나!

네, 그럴 수도 있지요

그런 사람이구나!

네, 그럴 수도 있지요

시간이 더 필요하겠구나!

네, 그럴 수도 있지요

어렵게 생각하고 있구나!

네, 그럴 수도 있지요

모든 걸 다 알 수 있다 생각하는군요!

네, 그럴 수도 있지요

하나도 모른다고 생각하나요?

네, 그럴 수도 있지요

모든 것이 옳다고 생각하는 거군요!

네, 그럴 수도 있지요

아무것도 옳은 게 없다고 생각하는군요!

네, 그럴 수도 있지요

모든 게 그럴 수 있다고 믿으시나요?

네, 그럴 수도 있지요

2020년 12월 16일

인연

인연을 맺는 것은 영혼의 과제라네
꼭 해야 하는 일을 하는 것이네
그 과제에는 옳고 그름이 없으나
결과는 분명하게 기록되네
그러니 나쁜 인연이라 한탄 말고
좋은 인연이라 기뻐 말게나
인생은 나를 괴롭히는 것도
다른 이를 편애하는 것도 아니니

내 인생 속 인연들은 영혼의 숙제 하게 만드는
그저 고마운 이들뿐이네
나를 먹여 살리는 자연
나를 키워 주는 부모
나를 가르치는 스승
나를 품어 주는 가족
나를 사랑하는 친구와 애인
나를 괴롭히는 상황과 사람
나를 축복하는 신(神)과 하늘
모두 나의 인연, 고마운 존재들이네

미움이 없는 마음으로 그 인연들 바라보면

내 인생의 실마리 풀리네

왜 그랬을까?

왜 그럴까?

그런 모든 의문 사라지고

내가 사는 모양 감사하며 받아들이게 되네

불평하며 불안해하는 자아 잠재우고

"잠자는 영혼이여, 깨어나라!" 말하게 되네

모든 것은 완벽하구나

나의 인생도 나의 여정도

그냥 그래야만 하는 거구나

저절로 알게 된다네

2020년 12월 17일

기도와 수행

다 부질없으리
기도와 수행하지 않으면
모두 고통일 수 있으리
기도와 수행하지 않으면
다 의미 없으리
기도와 수행하지 않으면
모두 후회할 수 있으리
기도와 수행하지 않으면
다 슬퍼지리
기도와 수행하지 않으면
모두 안타까우리
기도와 수행하지 않으면
다 실패하게 되리
기도와 수행하지 않으면
모두 악몽일 수 있으리
기도와 수행하지 않으면

간절한 기도는 기적의 힘이네
동전의 양면과 같은 나의 인생 한 번에 뒤집네

불행에서 행복으로
고통에서 기쁨으로
불만에서 감사함으로

성실한 수행은 구원의 힘이네
얕은 신심(信心) 깊게 만들고
흔들리는 의지 부동하게 만들며
약한 끈기 강하게 만드네

기도와 수행으로
매일매일 나의 영혼 돌보고
내 인생의 모든 시간들
영원(永遠)이라는 천상의 끈으로 함께 묶네

2020년 12월 18일

두려움

두려워하지 말라 소리치라

두려움이 오면

다 괜찮다 소리치라

두려움이 오면

모두 공(空)하다 소리치라

두려움이 오면

다가오는 죽음을 생각하라

두려움이 오면

죽음보다 나쁜 결과 과연 있으리?

피할 수 없는 죽음은 반드시 오나니

지금 오고 가는 두려움 따위

그에 비하면 아무것도 아니리

가장 심한 고통과 아픔도

죽음에 비하면 아무것도 아니리

두려움을 없애기 위해 허황된 목표 잡지 말고

자신을 괴롭히지도 말며

자유를 희생하지도 말아야 할 것이네

두려움은 그럴 가치가 없는 허상(虛像)이니

두려움은 무시하고 천시해도 되는 대상이요
조심스럽게 다루면 다룰수록 더 기세부리는 악(惡)이네
그러니 두려움이 엄습하면
'하하!' 웃어 주게나
넌 곧 죽는다 위협하며
해볼 테면 해봐라 덤벼 보게나

두려움은 강한 영혼 좋아하지 않고
진실에 눈 어둡다네

모두 '공'하고 육신은 죽어 없어질 것이니
두려움 따윈 무섭지 않다 한번 말해 보게나
두려움은 어느새 자취를 감추고 없을 것이네

2020년 12월 19일

거북이

여유롭지 않은가, 그의 발걸음이?
평화롭지 않은가, 그의 발걸음이?
거북이는 모든 것 내려놓은 수행자와 같네

남들이 뛸 때 기어가고
남들이 추월해도 계속 기어간다네
그는 더 잘하는 것, 더 빠른 것이 무엇인지 모른다네
거북이는 길게 바라보고 길게 숨 쉰다네
목표는 뚜렷해도 과정은 서두르지 않는다네
가다가 지치면 쉬고
쉬다 지치면 다시 걷네

기도와 명상을 위해 한곳에 머무는 수행자처럼
거북이는 맘 내키는 곳에서 한참을 머무네
내가 '나'이고
내가 나의 집이며
내가 나의 유일한 가족이라네
그렇게 지키는 나는
누구도 빼앗을 수 없는 나만의 고향이라네

나를 사랑하고 신뢰하여 외로울 틈이 없다네
비 내리는 아침도
눈 내리는 밤도
거북이에게는 축복일 뿐이네
자신만의 집에서 편히 쉴 수 있으니
그렇게 소박한 진심을 담아
거북이는 하루하루 살아간다네

그런 순수한 거북이의 삶
누구보다 오래 지속될 수 있도록
하늘은 항상 돌보아 준다네

2020년 12월 20일

나이

나이가 많다는 것이 무슨 의미 있으리?
제대로 나이 먹지 않는다면
오래 산다는 것이 무슨 의미 있으리?
제대로 살지 못한다면

많은 나이, 오래된 육신
진정한 성숙함 없이는 아무 의미 없으리
깨닫지 못한 자의 나이는
어리석음의 나이요
기도와 수행 없는 자의 나이는
고통의 나이일 뿐이라네
그러니 헛되이 늘어가는 자신의 나이를 원하지도
허망하게 늙어 가는 자의 나이를 축복하지도 말게나

진리에 눈 뜨면 나이는 상관없으리
무지(無知)에서 벗어나면 늙지 않아도 상관없으리
나이는 영적으로 깨어나는 순간을 기록할 뿐이네
그러나 일찍이 깨어나 살아갈 날 많이 남아 있다면
그대의 나이, 영혼의 나이테가 되어야 하리

일 년 일 년
나무를 둘러 가며 성장을 표시하듯
그대가 쌓아 가는 선한 기도와 소원은
그대의 영혼 성장시키리

부디 건강히 자라나
자신과 남에게 도움되는
크고 풍성한 나무 되시게나
모든 여건들 잘 견뎌 살아남은 나무는
오래되어도 다른 이의 귀감이 될지니
나이 들고 싶으면
한 그루의 나무처럼 살아가야 한다네

2020년 12월 21일

아름다움

밝은 태양 아래에서 보는 너의 모습 아름다운가?

한 치 앞이 안 보이는 어두운 밤에 보는 너의 모습 아름다운가?

어제는 아름답던 나의 모습

오늘은 더 이상 아름답지 않은가?

내일 아름답기 위해 오늘 노력하는가?

낯선 이의 칭찬 듣기 위해 나의 아름다움 가꾸는가?

남들보다 아름답기를 염원하는가?

하지만 아름다움은 실로 요상하여

추구하면 할수록 멀어지고

생각하면 할수록 숨어 버린다네

진정한 아름다움은 평가될 수 없으며

그 본래의 아름다움은

사람이 태어나 자연히 숨 쉬고 사는 것처럼

늘 그대로 존재하는 것이네

그러니 나를 받아들이지 못한 자

자신의 아름다움 마음속에 품지 못한 것이니

일부러 원한다 하여 아름다워질 수 없다네

그러나 내가 '나'임을 받아들이며 살아감을 허락한 자

억지로 꾸미지 않아도 아름답다네
자신의 아름다움 내면에 담은 채
맑은 눈과 마음으로
보석과 같이 반짝인다네

절대적인 아름다움은
남들의 시선과 판단 필요 없고
비교와 칭찬 바라지 않네
고유의 아름다움을 아는 자
그 소중함, 영혼의 상자에 고이 간직한다네

2020년 12월 22일

"내가 나임을 받아들이며 살아감을 허락한 자
억지로 꾸미지 않아도 아름답다네"

판단

끝이 없어라 판단의 대상은
오만하여라 판단의 주체는
불행하도다 판단의 결과는

판단은 생각들을 낳고
잉태된 생각들은
거짓된 세계 만들어 내네
그 안에서 나는
늘 중심에 있어
옳고 그름의 척도가 되네
나로 인해 세상은 모두 살기 좋은 곳이 되었다가
나로 인해 세상은 아무도 살 수 없는 척박한 땅이 되고 마네

신(神)과 같은 마음으로
나는 내 세상 창조시키나
거기에 편히 살 수 있는 사람 하나 없다네
그곳은 나조차도 살아남기 힘든 세상이라네
좋다, 좋지 않다
옳다, 옳지 않다

된다, 되지 않는다
끊임없는 흑백논리 속에서
무사히 살아남을 진리는 없으니
인간사의 모든 불행
판단하는 마음에서 나오는 것이네

선업(善業)을 쌓더라도 판단하고 있다면
대광명(大光明)은 볼 수 없음을 알아야 한다네
판단이라는 무서운 행위는
내 영혼에
윤회라는 강력한 씨앗 심어 놓기 때문이라네

2020년 12월 23일

무지

알지 못하는 것보다 안타까운 것 있으리?
알고 있다 믿는 것보다 무서운 것 있으리?
알지 못한다는 것을 모르는 것보다 해로운 것 있으리?

무지(無知)는 모든 악(惡)의 근원이요
나와 너의 삶과 영혼 파괴하는 가장 큰 힘이네
내 마음에 빚을 져도 모르고
남의 마음에 상처를 내도 모르고
자신을 아껴 주는 만물을 죽이고 있어도 모르고
우리 모두의 삶 잃어버리고 있어도 모르네
하나 무지는 계속 이기적으로 살라 채찍질하며
나와 너 모두 적으로 만들고 마네
알면 눈에 보이는 것들
알면 고칠 수 있는 것들
알아야 순리에 맡길 수 있는 것들
모두 놓치게 하네

그러니 마음수행하여 무지에서 벗어나야 하네
무지에서 벗어남은 무명(無明)에서 벗어나는 것이니

내가 무엇을 아는지, 모르는지, 안다고 생각하는지
모두 깨닫게 되네

수행의 길 길고 험난하나
그 끝에는
한없는 평화와 다함 없는 진리가 기다리고 있다네
나의 무지를 정당화하지도
나의 지(知)를 자랑하지도
다른 이의 무지를 비판하거나
다른 이와 경쟁하지 않아도
궁극의 진리 이해하고
평화 속에서 공유할 수 있게 된다네

2020년 12월 24일

공을 명상하라

공(空)을 명상하라
공은 떠내려가는 강물과도 같네
공을 명상하라
공은 흘러가는 구름과도 같네
공을 명상하라
공은 녹아 없어지는 눈송이와도 같네
공을 명상하라
공은 무너져 버린 집과도 같네
공을 명상하라
공은 지나가 버린 시간과도 같네
공을 명상하라
공은 불타 없어지는 내 육신과도 같네

공을 명상하는 자에게
진정한 평화의 안주(安住)가 주어지리니
나를 괴롭히고 현혹하는 모든 일들
공 앞에서 그 힘 잃고 만다네
만물은 괴롭히지만 괴롭지 않고
만물은 슬프게 하지만 슬프지 않고

만물은 안타깝게 하지만 안타깝지 않으니

만물은 중요하지만 중요하지 않게 된다네

그러니 공성(空性)을 이해함은

자신에게 지상낙원(地上樂園)을 선물하는 것이네

커다란 무(無)의 세계 속에

나를 편히 숨 쉬게 하는 것이네

그 세계에서 나는

어떠한 불안도 아픔도 느끼지 못한다네

모든 것이 공의 공간 속으로 스며들며 사라지기 때문이네

그곳은 가장 밝은 곳

바로 대광명(大光明)이 존재하는 곳이라네

2020년 12월 25일

동심

왜 동심인가 물으면
어린아이만 가질 수 있는 마음이라 그렇다 하네
나이 먹은 내가 동심이 있다 말하면
나잇값 못한다, 성숙하지 못하다 하네
하지만 그리 말하는 이들은 동심이 무엇인지 이해 못한 것이네
동심은 오독(五毒)에 물들지 않는 영혼이 갖고 있는 마음이요
모든 생각과 행동의 기본이네
그 순수한 마음은
나이와 상관없이 지키고 유지해야 하는 것이라네

인생은 마치 동심 유지 게임과도 같네
나 맑고 순수했을 때 가졌던 긍정의 에너지
잊지 않고 평생 간직하는 게임이네
이 게임의 법칙 잘 이해한 사람은
어떤 고난도 동심의 힘으로 이겨 낸다네
앞뒤 따지지 않고 본능적인 믿음으로 자신의 일 행하나
그 결과엔 연연하지 않는다네
편안하게 그러나 힘차게 모든 일 행하니
이루어지지 않을 일 없네

집착하고 고민하지 않아도 소원하는 바 성취하고
실패하면 그 속에서 중요한 교훈 반드시 발견하고 얻어 갖네
어린아이의 마음으로
어린아이의 눈으로
자신을 둘러싼 세상 바라보고 늘 감탄하네
나이를 먹어 가도 일상은 지겨워지지 않으니
흥미롭지 않은 일 없고
즐겁지 않은 행위 없다네

따뜻하고 강력하게 빛나는 태양처럼
동심은 그 가치 아는 자의 마음
항상 밝게 비추어 준다네

2020년 12월 26일

이별

안녕, 잘 가요!
슬퍼하지는 말게나, 이별은 없으니
안녕, 잘 있어요!
우울해하지는 말게나, 이별은 없으니
만남도 헤어짐도 모두 하늘의 뜻
때가 되면 만나고, 때가 되면 헤어진다네

부디 잊지 마시게나!
시작이 있다 하면 끝이 오고
시작이 없다 하면 끝은 오지 않는다는 것을
그러니 만나고 헤어지는 인연
오로지 내 맘에 달려 있는 것이네
만났다 생각하지 않고
헤어진다 생각하지 않으면
이별은 결코 없으리

우리 영혼들은
필연적으로 만나고 헤어져야 하니
거기에 이별은 어울리지 않는다네

그저 감사하시게나!
때가 되어 와주는 것에
때가 되어 가주는 것에
너무 많은 기대 없이 각자의 길을 가시게나
끝내 다시 만나야 함도
끝내 다시 떠나야 함도 없음을 이해한 채

영원한 것은 오직
나와 함께 하는 내 영혼일 뿐임을 기억해야 하리
누가 온다 기뻐하지 않아도
누가 간다 슬퍼하지 않아도
나는 혼자가 아니니
내 소중한 영혼과 이별만 하지 않는다면
다른 것은 모두 괜찮은 것이리

2020년 12월 27일

깨달음

긴 고통의 시간이 흘러갈 수 있다네
중요한 것을 깨달을 때까지
무얼 깨달아야 하는지도 모르는 나날들이 흘러갈 수 있다네
깨달아야 하는 것을 깨달을 때까지

마치 어두운 구름이 걷히듯
깨어나면 구름 위에 존재했던 푸른 하늘이 보이네

그 하늘에는 내가 알아야 할
과거, 현재, 미래에 관한 이야기가 담겨 있네
예전엔 내가 그랬었구나
요즘엔 내가 그렇게 하고 있구나
미래에는 내가 그래야 하는 거구나
안개가 사라지듯 내 마음속의 어두움도 바래 가네
그렇게 얻은 깨달음은
가슴 아프게 할 수도
눈물 나게 할 수도
한숨 쉬게도 할 수 있지만
이제라도 깨닫게 됨을 무한히 감사하게 만든다네

사죄할 것은 사죄하고
용서할 것은 용서하고
기뻐할 것은 기뻐하며
깨달음이 주는 치유의 손길 기꺼이 잡는다네

안타까운 지난 세월
놓쳐버린 순간들 모두 떠오르나
깨달음은 고맙게도 나를
더 이상 무지(無知)의 어둠 속에 홀로 두지 않는다네
깨달았으니 이제 다 놓아 버려라
깨달았으니 이제 되었다
깨달았으니 이제 밝은 영혼의 세계로 나아가라
북돋우며 용기를 준다네

2020년 12월 29일

눈물

무슨 이유인가?
눈물이 나는 것은
어떤 생각 때문일까?
눈물이 흐르는 것은
자신만이 알 수 있는 눈물의 비밀은 쉽게 풀리지 않네

눈물은 영혼의 울림이기에
영혼이 성장한 만큼의 의미를 담고 있다네
어떤 이는 두려워 울고
어떤 이는 욕심나 울고
어떤 이는 질투가 올라와 울기도 한다네
그들 모두 자신의 이기심 눈물로 표현하네

그러나 영혼이 맑은 자
인생의 의미를 이해하는 자
더는 자신만을 위해 울지 않는다네
나를 초월한 그의 눈물은
수정과도 같이 맑고 순수하네
가슴속에서 올라오는

깊은 사랑과 자비심(慈悲心)으로 눈물 만드네

그의 삶 역시

다시 볼 수 없는 사랑하는 이들과

다시 되돌릴 수 없는 과거로 슬픔의 원천(源泉)이나

그것 때문에 눈물 보이지는 않는다네

인생은 지체 없이 흘러가고

만남은 언젠가 끝나기 마련이며

과거는 순리대로 펼쳐진 것임을 이미 알기 때문이라네

자신의 인생은 눈물의 원인이 아님을 깨달은 자

이제는 오직 남과 대자연을 위해

하늘 향해 그 소중한 눈물 흘린다네

2020년 12월 30일

조화

힘쓰고 노력한다고 꾸며지는 것
조화 아니네
계획하고 배운다고 얻어지는 것
조화 아니네
완벽을 추구하는 것
완벽해 보이려는 것
완벽하다 생각하는 것
조화 아니네

참된 조화는
노력과 계획 없이 이루어지는 것
그 자체만으로 완벽한 존재들의 조합이라네
서로에 대한 판단과 상호작용 없이
홀로 충분한 나와 네가 함께 있는 것이네
하나, 둘, 셋..., 온전한 존재들과 그 완벽함의 나열
바로 그것이 진정한 조화인 것이네

우주에 존재하는 수많은 별과 행성처럼
각자의 완벽한 존재를 운영하며 공존하는 것이

진정한 조화를 만들어 내네
그 조화는 실로 완벽하고 한 치의 오류도 없어
전지전능한 신(神)의 존재를 믿게 한다네
어떠한 부자연스러움이나 추함을 찾아볼 수 없어
우주 만물을 움직이게 하는 거대한 계획이 있다 믿게 한다네

완전한 조화의 가능성과 힘은
참으로 한계가 없는 것이네
그러니 올바른 조화를 이루려면
내 자신을 먼저 완성하여야 하리
스스로 온전하여야 하리
그것이 참 조화의 기본이니

2020년 12월 31일

지나간 것들

시간이 지나서가 아니라
내가 변해서 모든 것이 지나가 버렸네
나의 고통스러운 과거도
나의 병든 육신도
나의 시든 마음도 모두 지나가 버렸네
폭풍우를 견뎌 낸 바다처럼 푸르고 고요하기만 하네

이제 그 바다는 지나가는 배들과
심연에서 올라오는 물고기들
바람에 넘실대는 파도를 사랑으로 품어 주고 안심시키네
지나가라, 거쳐 가라, 밀려가라 말하며
자신의 넓고 깊은 마음 기꺼이 내어주네
더 이상 두렵지 않으므로
폭풍 후에 찾아오는 평화를 믿음으로

모든 것이 흘러가서 행복하고
모든 것이 지나가 버릴 것을 알아 진심으로 행복하네
새로운 것에 연연하지 않고
큰 희망과 기대도 걸지 않는다네

그조차 다 지나가 버린 마음이 되었기 때문이네

고통받게 해 주셔서 감사합니다!
고통 안에서 깨달음의 선물 주셔서 감사합니다!
진리를 알아볼 수 있게 해 주셔서 감사합니다!
깨어나 살 수 있게 해 주셔서 감사합니다!
가슴 속에 평화와 자비심(慈悲心) 남겨 주셔서 감사합니다!
그렇게 평화로운 바다는
푸른 하늘에 흘러가는 구름 올려다보며 감사의 기도 올린다네

2021년 1월 1일

마당

누추하고 넓지 않아도
커다란 의미를 담고 있네
화려하거나 다양하지 않아도
많은 지혜를 담고 있네
내가 머무는 마당은

계절의 추이를 바라보며
계절을 담아내는 마음 배우고
그 계절을 통해 반복되는 삶의 의미를
바뀌는 모양과 색을 통해 불변하는 것이 없음을
미련과 집착 없이 변화를 받아들여야 함을
욕심이나 불만 없이 만물에게 너그러워야 함을
삶과 죽음이 공존함을
사는 것과 죽는 것이 다르지 않음을
굳은 여건에도 생명을 이어갈 수 있는 용기를
머무름과 떠남에 연연하지 않는 자유를
스스로 온전히 존재함이 가장 큰 아름다움임을 깨닫네
내가 머무는 마당에서
이 모든 것을 알게 되네

깨달음이란

멀리 있는 것

거창한 것

어려운 것 아니요

내가 있는 바로 그곳에

나와 가장 가까이

지금 나의 눈앞에 늘 존재함을 알게 된다네

마음을 열어 두는 자에게 축복 있으리

자연이 들려주는 지혜의 이야기들

늘 그와 함께할지니

2021년 1월 2일

교훈

누가 교훈 줄 수 있으리?
내가 원하지 않는다면
어떤 교훈이 훌륭하리?
내가 이해하지 못한다면
교훈은 아무 쓸모 없으리
내가 준비되어 있지 않다면

삶에 매달리는 나에게
'죽음'의 진리 공(空)한 것이요
욕심 많은 나에게
'자비(慈悲)'의 진리 공한 것이요
두려움에 떠는 나에게
'용기'의 진리 공한 것이요
슬픔에 우는 나에게
'행복'의 진리 공한 것이요
집착하는 나에게
'공'의 진리 역시 공한 것이네

매 순간

하늘이 교훈 주고

땅이 교훈 주니

우주 만물이 교훈 내리고 있는 것이나

그 넘쳐 나는 진리의 축복

모든 영혼에 다다르지는 못한다네

하늘의 축복은 주어지는 것

진리의 축복은 얻어야 하는 것이기 때문이라네

오직

깨어나고자 하는 이

진리를 보려 하는 이

변화하려는 이만이

그 성스러운 교훈 받을 수 있다네

2021년 1월 3일

고양이

시간이 무엇인지 모르기에
아무 때나 잠을 잔다네
임무가 무엇인지 모르기에
원하는 만큼 잠을 잔다네
심심한 것이 무엇인지 모르기에
놀아 줄 친구 필요 없네
외로운 것이 무엇인지 모르기에
대화 나눌 상대 필요 없네
답답함이 무엇인지 모르기에
세상 구경 하지 않아도 된다네
과거가 무엇인지 모르기에
생각할 필요 없고
현재가 무엇인지 모르기에
분주할 필요 없고
미래가 무엇인지 모르기에
바라는 것 없네
지겨움이 무엇인지 모르기에
매일매일 똑같은 일상 보내네
걱정과 근심이 무엇인지 모르기에

태평하게 창밖을 바라보네
시작과 끝이 무엇인지 모르니
아무런 계획 없고
기도와 명상이 무엇인지 모르니
아무것도 하지 않네
행복과 불행이 무엇인지 몰라
아무것에도 미련 두지 않네

존재하는 것이 무엇인지 모르나
완벽하게 존재하네

진정한 존재함이란 바로 그런 것이라네

2021년 1월 4일

"존재하는 것이 무엇인지 모르나
완벽하게 존재하네"

운

실로 어리석도다

운(運)을 믿는 사람은

원인 없는 결과 믿는 사람은

실로 불행하도다

요행을 믿는 자는

이유 없는 운명 믿는 자는

아무것도 하지 않고 나의 삶 움직일 수 있다 믿는 자는

마음을 관하기 위해

행동을 관하기 위해

운명을 관하기 위해

늘 기도하고 수행하여야 하네

내가 원하는 운이란

기도와 수행의 결과이어야 하네

부와 명예 즐기는 삶

가난과 외로움 겪는 삶

몸과 마음의 편안함에 안주(安住)하는 삶

정신과 육체의 고통 이겨 내는 삶

모두 운이 아니라
내가 만들어낸 삶의 형태라네
거기에 옳은 삶, 틀린 삶
운 좋은 삶, 운 없는 삶이란 결코 없다네
모두 내가 이뤄 낸 운명이니

운을 만들어 냄은
내 마음 가꾸어 냄을 의미하는 것이네
그러니 기도와 수행 이어가는 사람은
자신의 삶 스스로 빚어내고
빚어진 삶의 모든 모양
판단하지 않고 감사하게 받아들인다네
그것이 다음 운을 창조하는 길임을 잘 알고 있기 때문이네

2021년 1월 5일

추억

만들지 마시게나 추억이라는 것을
가슴에 품지 마시게나 추억이라는 것을
머리에 풀어 두지 마시게나 추억이라는 것을
지나간 것은 지나간 것이고
지금 눈앞에 보이는 모든 것은 곧 없어질 것이니
추억은 부질없는 상념(想念)들만 창조할 뿐이네

추억 때문에 행복해하지도 슬퍼하지도 말게나
예전의 세계도
그때의 나도
지금의 세계도
오늘의 나도
모두 공(空)하기만 한 것이니

다 지나갔고 지나갈 것 생각할 시간에
그것들 놓아 버리는 연습하여야 하네
그 어떤 행복과 불행의 추억도
지금 내가 숨 쉬고 사는 것에 간섭하지 못하게 하여야 하네
추억이 나의 세상을 지배해서는 안 되기 때문이네

순간순간 새로운 '나'

새롭게 존재하는 나로 살길 바라네

그리고는 그런 나조차도 바로 놓아 버리시게나

그 이유는 묻지 마시게나

그 허락도 청하지 마시게나

추억이 이를 답하게 해서는 안 되니

쉴 새 없이 흘러가는 시간처럼

끊임없이 흘러가는 강물처럼

나의 추억도

나에 대한 추억도

그리 스쳐 가야 하는 존재들일 뿐이니

2021년 1월 6일

숨길 수 없는 것들

내리는 흰 눈이 더러운 길가 하얗게 만들 듯
더러움에 물든 마음 덮을 수 없으리
화려한 몸치장도 현란한 말솜씨도
내면에 있는 불순함 숨길 수 없으리

보이는 것만 보는 이는 진정 어리석으리
숨길 수 없는 것은 보이는 것이 아니라
느끼는 것들이네
순수한 척
착한 척
인자한 척
지혜로운 척
아름다운 척
모두 느끼게 되는 진실이네
세상은 그 진실 덮으려 내 눈과 마음 혼란 시킨다네
거짓으로 포장된 말과 행동으로
내 마음의 소리 지우려 한다네

그러나 기도하는 수행자는

세상을 평온하게 하려, 자신을 편안하게 하려

진솔한 본인의 모습 기꺼이 보여 주네

자신의 선함

자신의 순수함

자신의 담대함

자신의 진실함

모두 숨기지 않고 드러내네

그 어떤 비난과 배척도 상관치 않는다네

숨기는 것이

숨기지 말아야 하는 것이

나쁜 것들뿐만은 아님을 깨달았기 때문이네

2021년 1월 7일

반성

같은 생각들로 머리가 혼란스러운가?
그럼 반성하여야 하리
같은 행동들로 자신이 미련해 보이는가?
그럼 반성하여야 하리
떠오르는 태양을 보고도 마음이 어두운가?
그럼 반성하여야 하리
쏟아지는 폭우를 보면서도 과거를 놓지 못하는가?
그럼 반성하여야 하리
떨어지는 낙엽을 보면서도 삶에 연연하는가?
그럼 반성하여야 하리
어둠 속에서 빛나는 달을 보면서도 희망을 갖지 못하는가?
그럼 반성하여야 하리

반복되는 생각, 반복되는 말, 반복되는 행동
그 반복되는 고통 속에서 좌절하지 말아야 할 것이네
돌고 도는 지구가 있고 우주가 있으니
그 반복을 지겨워하지도 말아야 할 것이네
나를 반성하게 돕는 고마운 자연 있으니

지침이 없는 우주와 자연은

최고의 스승이네

늘 존재하는 우주와 자연은

나를 가장 사랑하는 스승이네

자신을 미워하지 말라

미숙해 보이는 자신을 사랑하라

반복되는 실수를 포용하라

조금씩 성장하는 영혼을 믿으라

변화하는 자신을 인정하라 말하며

올바른 반성이란

질책이 아니라 깨달음임을 일깨워 준다네

2021년 1월 8일

어머니

어떤 이에게는 축복이요

어떤 이에게는 악몽인 어머니

어떤 연유에서든지 정말 감사한 존재이네

내가 육신 입게 해 주었으니

내가 자랄 수 있게 해 주었으니

내 영혼 지구행 결심했을 때

내 어머니 선택해야 하는 원인 있었으니

감사하지 않을 이유 하나 없다네

살게 해 주셔서 감사합니다!

행복하게 만들어 주셔서 감사합니다!

고통이 무엇인지 알게 해 주셔서 감사합니다!

제 힘으로 살아가는 인생 준비시켜 주셔서 감사합니다!

이런 믿음 있는 나로 자라게 해 주셔서 감사합니다!

하고 말할 줄 알아야 한다네

또한 기억해야 하네

나를 낳아 먹여 살린 존재만이 어머니는 아니라는 것을

하늘도 나의 어머니

땅도 나의 어머니

나를 숨 쉬게 하고 품어 주는 모든 것이
나의 어머니라는 것을

이 깨달음은
자신의 어머니를 벗어나
우주 만물이 나의 어머니
너와 내가 서로의 어머니 되게 한다네
아무도 버림받지 않음을
아무도 버림받지 않았음을
어머니의 마음으로 깨달아
평생 받은 어머니의 지극한 사랑
이제 내가 모르는 다른 존재에게 나누어 준다네

2021년 1월 9일

선택

한 영혼의 여정은 선택이 결정하네

내가 누구인지
내가 무엇을 하는지
내가 어디로 가는지
모두 나의 선택이 결정하네
자신의 존재 완성해 가고
그 존재에 의미 부여하면서
모든 영혼들은 스스로 후회 없는 선택하기를 바란다네

누구나 자신이
그런 사람으로 태어난 것이
그런 삶 사는 것이
옳은 일임을 믿고 싶어 하네
하지만 그들은 모른다네
인생 자체가 선택이고
그 여정은 깨달음이 오기까지 계속됨을

인생의 수많은 고민과 고난

모두 깨닫기 위한 선택의 여정이라네
때로는 왜 그런 선택 내리는지 모르면서도
선택이 보여 주는 길 가고자 하는 이유
모두 다 깨닫기 위함이네
한 걸음 한 걸음
무지(無知)의 어둠 속에서
밝은 빛을 향해 나아가며
선택의 실수와 고통
모두 기꺼이 이겨 낸다네

그렇게 우리 영혼들은
하늘의 계획과 보호 아래
'깨달음의 문'에 다다를 때까지
선택에 선택 끊임없이 거듭한다네

2021년 1월 11일

대답

그대는 답할 수 있는가?

삶이 무엇인지

그대는 답할 수 있는가?

죽음이 무엇인지

그대는 답할 수 있는가?

내가 누구인지

그대는 알고 있는가?

이 질문들의 의미를

육신 입고 태어난 영혼들

한 인생 살아가며 수많은 질문 던지나

그것들 모두 이 질문들에 답하기 위함이네

우리 태어나 죽기까지 알고 싶은 것

단지 이것들뿐이네

세상에서 온갖 어려운 주제들이 다뤄지는 이유

모두 이 질문들의 해답 찾기 위함이네

실로 신기하지 않은가?

이 논리에 맞지 않는 질문이란 인생에 없다는 것이

왜 이럴까?

왜 저럴까?

어떻게 할까?

어떻게 하는 것일까?

이 모든 질문의 마지막은

삶과 죽음

본성(本性)에 대한 대답뿐이네

이 질문에 답하기 위해 우리는

나를 찾는 삶 살아가고

나의 죽음 준비하고 경험하며

어떠한 질문이나 대답이 필요 없는

근원의 세계 꿈꾼다네

2021년 1월 12일

공존

생각하면 할수록 기이해지네
다른 현실 속에 공존한다는 것은
같은 공간에 있지 않고
같은 시간에 있지 않아도 동시에 공존한다는 것은

내가 눈 내리는 저녁을 살 때
너는 비 내리는 아침을 지내고
다른 이는 햇빛 가득한 오후를 보내네
너와 나, 우리 모두 그 한순간 경험하고
그 한순간의 현실 만들어 내며
그 한순간에 공존하네
이것 참으로 신기하여
나의 세상은 무엇이고
너의 세상은 무엇일까 생각해 보네
그리고 그 생각의 끝에서
우리의 세상들이 하나로 녹아드는 세계를 보게 된다네
그 세계는 있지도 없지도 않은 영원(永遠)의 세계이네
내 세상만 현실일 수 없듯이
너의 세상만이 현실일 수도 없는 것이니

오로지 우리가 공존하는 공간과 시간만이
진정한 현실을 만드는 것 아니겠는가?
너에게도 나에게도 늘 열려 있는 그 세상에서
우리의 영혼들은 만나는 것이네
그 세계에서
같은 생각 하고
같은 꿈 꾸며
같은 마음 가꾸어 내는 것이네

우리가 공존하는 세상
그곳이 유일한 현실세계요
우리 영혼의 참 고향이라네

2021년 1월 13일

반복

세상에 과연 새로운 것들이 있는가?

새로운 생각

새로운 행동

새로운 삶

새로운 죽음

사실 모두 그저 반복일 뿐이네

나보다 먼저 생각한 이

나보다 먼저 행동으로 보인 이

나보다 먼저 살다 죽은 이 언제나 있으니

그들 모두 나에게 새로운 것은 없다 말하네

그러니 특별함이 없는 삶에 집착하지도

다름없는 죽음을 두려워하지도 말라 하네

모든 것이 그냥 다 그런 것이라 말해 주네

너무 열심히 살 필요 없다 하고

너무 많은 생각 할 필요 없다 하네

모든 것은 돌고 도니

모든 것은 반복되니

내 인생, 나라는 사람 유별난 것 아니라 하네
누구나 그렇게 살고 있고
모든 것 한결같이 평등하기에
만족스러운 삶과 죽음도 있는 것이라 말해 주네

사람이 태어나 영위하는 것들
모두 반복의 연속
결국 허망한 것이라 얘기하며
이 진실 늘 가슴에 담고 살아야 한다 충고하네

반복되지 않는 유일한 것은 오직
불변하는 내 영혼뿐임을 깨우쳐 주네

2021년 1월 14일

취미

하늘을 자주 올려다본다네
하늘과 나 사이에 깊은 인연이 있을 것 같기 때문이네
파란 하늘 위로 흘러가는 구름 늘 바라본다네
모든 것이 공(空)함을 기억하기 위해서이네
바람이 나무를 흔드는 것 가끔 바라본다네
고난을 이겨 내는 것이 감동스럽기 때문이네
날아가는 새를 때론 쳐다본다네
자유를 즐기는 것이 어떤지 알고 싶기 때문이네
떠오르고 지는 태양을 가끔씩 기다리기도 한다네
성실한 태양이 너무 고맙기 때문이네
달이 밤하늘 어디에 있는지 때때로 찾아본다네
어둠 속에서 의지할 친구가 필요하기 때문이네
비 내리는 거리를 유심히 바라보기도 한다네
막을 수 없는 숙명이 무엇인지 배우기 위함이네
마당에 핀 꽃 매일 내다본다네
가장 아름다운 순간을 위한 노력 칭찬하기 위함이네
호수 밑을 지나가는 물고기를 쳐다보기도 한다네
나와 다른 세상이 존재함을 발견하기 때문이네
거울에 비치는 내 얼굴 유심히 관찰한다네

내 영혼이 어떤 모습 갖고 있나 보기 위함이네
씻을 때 내 몸 자세히 바라본다네
내 영혼이 들어 있는 몸이 신기하기 때문이네
식사할 때는 놓여 있는 음식들 잘 살펴본다네
나를 위해 희생된 만물을 기리기 위함이네
아침이 오면 일어나 늘 기도한다네
다시 시작된 하루가 정말 감사하기 때문이네
저녁이 되면 하던 일 모두 멈추고 다시 기도한다네
평온했던 하루에 감사하고
내일에 대한 믿음 표현하기 위함이네

2021년 1월 15일

기대

없애야 하는 것
그건 바로 기대하는 마음이네
없어야 하는 것
그건 바로 기대하는 마음이네

기대하는 마음은
대가를 바라는 마음이요
결과를 바라는 마음이요
나에게서 나오는 마음
판단하려는 마음이라네
기대하는 마음에는
옳고 그름을 생각함이 있고
당연함과 당연하지 않음을 가림이 있고
만족과 불만족을 부름이 있네
잠깐의 기대가
큰 오류를 보게 하고
불행의 원인 만드네

생각하는 것

말하는 것

행하는 것 모두

마음수행에 따라 해야 하는 것들

현명한 수행자는 어떠한 기대도 걸지 않는다네

내 생각의 근본이 옳으면

내 말 옳을 것이요

내 말의 근본이 옳으면

내 행위도 옳게 됨을 알기 때문이며

모든 것은 스스로 이루어짐을 깨달았기 때문이라네

기대하지 않는 것은 실망이 두려워서가 아니라

판단하지 않기 위함이네

2021년 1월 16일

수승한 수행자

깨달음의 길 멀어 보이나
알고 보면 가까이 있네
그것을 알아내는 자
수승한 수행자이네
해박한 지식도 고달픈 과정도
깨닫고 나면 아무것도 아니게 된다는 것 알아내는 자
그가 바로 수승한 수행자이네

깨달음은 준비 없이 갑자기 오나니
마른하늘에 벼락 치듯
깨달음은 한 사람의 영혼 흔들고
가슴 깊이 진리의 말씀 심어 놓는다네
해야 할 유일한 것은
고귀한 깨달음 받을 열린 마음, 맑은 정신 갖는 일뿐이라네
우주 만물에 산재되어 있는 진리
눈에 저절로 보이고
귀에 자연히 들리게 되니

가장 높은 산꼭대기 나무에 앉아 있는 한 마리 새처럼

수승한 수행자는 수행을 통해 깨닫네
진리를 향한 여정은 오직 홀로 떠나는 것임을
자신의 마음과 정신의 자유를 충실히 조종해야 함을
그 깨달음의 끝에 화려함이나 명예는 없다는 것을

파란 하늘을 배경으로 앉아 있는 그 새처럼
그가 마지막에 이루는 것은
오로지 자신을 통한
자신만의 깨달음뿐이네

2021년 1월 17일

힘

힘을 가진 자 진정으로 위대하다네
그러나 힘이라는 것
내가 먹는 음식
내가 받는 사랑
내가 갖은 재물
내가 배운 지식
내가 가꾼 명예 아님을 알아야 한다네

힘은 내 안에 존재하는 것
신묘한 마술처럼 불러내면
없다가도 솟아나는 존재이네
나의 문제 아무것도 아니다
나의 불행 아무것도 아니다
나는 이겨낼 힘이 있다 여기면
필요한 힘 바로 생겨나고 주어진다네
그 힘은 마음의 에너지요
영혼의 식량이기 때문이네
어떠한 전제 조건도 필요 없고
어떠한 여건의 지배도 받지 않는다네

그러니 숨어 있는 힘 찾아내야 하리
누구에게나 공평하게 주어진 힘 찾아야 하리
그 힘의 원천(源泉) 발견하는 일
마음수행으로 이루며
내 안에 있는 강한 힘의 존재를
항상 믿어야 할 것이네

기억하길!
그 힘은 단 한마디로 작동될 수 있다는 것을

"힘이여, 일어나라!"

2021년 1월 19일

완성

완성을 위한 노력은
비움에 있다네

사람들은 채워 가는 것
다 채운 것을 완성이라 말하며
더 갖기 위해
더 잘하기 위해
더 완벽해지기 위해 노력한다네
그러나 진정한 완성은
채우는 것이 아니라 비워 내는 것이네
그 비움은 공성(空性)을 완전히 이해하고
공성의 삶 살아 내는 것이네

비우며 사는 것이야말로 완벽한 삶이며
자신의 영혼 채우는 일이라네

다 비워진 마음에
지혜의 불 피울 자리 생겨나고
다 비워진 마음에만

공성이 선물한 평화가 비로소 자리 잡고
다 비워진 마음속에서만
나와 우주 만물을 향한 자비심(慈悲心)
끝없이 샘솟기 때문이라네

그러니
비움보다 채워진 것 없고
비움보다 온전한 것 없으며
비움보다 완성된 것 없는 것이네

모두 비우는 것이
모두 채우는 것이라는 이 진리 모순처럼 들리나
마음이 열린 수행자에게
이처럼 가슴 깊이 공감되는 진리 없을 것이며
그는 그 진리 받들어
채우기 위해 비우는 완성된 삶 살아갈 것이네

2021년 1월 20일

거울

거울 같은 영혼 되어야 하리
맑고 투명하며
싫거나 좋음 없고
거짓이나 자만 없이
보이는 것 모두 받아들이고
보이는 것 그저 비춰 내니

거울 같은 영혼 되어야 하리
어둠은 불평 없이 담아내고
빛은 더 밝고 넓게 세상에 퍼지게 하니
거울은 그렇게 긍정의 힘이 무엇인지
인내심은 어떤 의미인지 보여 준다네

거울 같은 영혼이 되어야 하리
어제의 내 마음, 오늘의 내 마음도
어제의 내 모습, 오늘의 내 모습도
거울 앞에서는 절대 숨길 수 없으니
매일 들여다보는 거울처럼
내 영혼도 어느덧 환해진다네

거울 같은 영혼 되어야 하리
소중히 다루면 영원히 지속되고
거칠게 다루면 단번에 깨져 버리니
살살 거울을 닦듯
내 영혼도 항상 조심히 닦아내야 한다네
그것 통해
내 영혼에 투영되는 어둠 밀어내고
맑은 에너지 나와 남에게 줄 수 있게 된다네

거울 같은 영혼 되어야 하리
언제나 변화하는 나의 모습 기꺼이 받아들이고
내일도 모레도 나의 영혼 아름답게 나타나길 소원해야 하니

2021년 1월 21일

능력자

능력자는 배우지 않고

단지 깨닫네

능력자는 앞만 보지 않고

뒤돌아볼 줄 아네

능력자에게는 보이지 않는 것은 보이고

보이는 것은 보이지 않네

능력자는 시작과 끝의 시기를 알며

나아감과 쉼의 정도를 아네

능력자는 기억되려는 것 망각하고

망각되려는 것 기억하네

능력자는 집착과 사랑 오해하지 않고

측은함과 자비(慈悲) 혼돈하지 않네

능력자는 위아래 구별하지 않고

많고 적음 가늠하지 않네

능력자는 중요한 것 중요하지 않다 하고

가치 없다는 것 가치 있다 하네

능력자는 단언과 주장 피하고

판단과 비판 멈추네

능력자는 자신을 중심에 두지 않고

나와 너 평등하게 존재시키네
능력자는 말하지 않아도 이해하며
행동하지 않아도 그 뜻 이루네
능력자는 편재하는 속임수를 보나
그 속임수에 빠지지 않네
능력자는 자신의 능력 인지하지 못하나
자신에 대한 커다란 믿음 있네
능력자는 불만과 미움 접고 고마움 속에 살아가며
자신의 영혼 기꺼이 하늘에 맡기네

2021년 1월 22일

명상

명상은 생각이 아니라네
존재의 이유 판단하는 것 명상 아니라네
명상은 온전히 받아들임이요
한 몸이 되어보는 것이네

하늘을 떠올리며
하늘이 되어보는 것
넓은 마음, 푸른 정신 가져 보는 것
그것이 참명상인 것이네

산을 떠올리며
산이 되어 보는 것
높고 고귀한 성품, 부동의 힘 가져 보는 것
그것이 참명상인 것이네

우주를 떠올리며
우주가 되어 보는 것
무한 광대한 존엄성과 신성(神聖)에 대한 믿음 가져 보는 것
그것이 참명상인 것이네

참된 명상은

존재하는 모든 고통과 번뇌에서 벗어나게 하고

명상하는 대상과 나 사이의 경계를 허물며

존재들이 품고 있는 절대진리 깨닫게 한다네

흔들리는 나의 마음에

혼란한 나의 정신에

불안정한 나의 행동에

천상의 안도감과 행복 심어 놓는다네

그렇듯 참된 명상은

작은 내 영혼이 갖고 있는 거대한 힘 보게 이끄네

명상하는 영혼

그것이 바로 모든 세계 창조하는

조물주인 것이네

2021년 1월 25일

"명상하는 영혼
그것이 바로 모든 세계 창조하는
조물주인 것이네"

미련

미련이 있다 하여

다시 시작할 수 있다면

다시 되돌아갈 수 있다면

그 일은 일어나지 않았으리

지난 일 번복하기 위해

잃은 것 되찾기 위해

다시 시작할 수 있다면

다시 되돌아갈 수 있다면

그 일은 일어나지 않았으리

그것이 일어났기에

그것을 선택했기에

우리 영혼은 앞으로 나아가며

모든 것의 소중함과 가치 깨닫는 것이네

그것이 일어났기에

그것을 선택했기에

필연을 알게 되고

운명을 이해하고

하늘을 믿게 되는 것이네
그러니 그런 깨달음 선사한
일어난 일, 나의 선택
미련을 갖고 돌아봐서는 안 되는 것이네
미련은 마치 찾아온 깨달음 버리고
무지(無知)를 새로이 택하는 것과도 같네

나를 성장시켜 준
나의 영혼 깨워 준
내 믿음 강하게 해 준
일어난 일, 내 선택 모습 그대로 감사히 받아들이고
지금 펼쳐진 새로운 삶
이젠 미련 없이 살아가야 한다네

2021년 1월 26일

기회

지혜로운 자 비록 깨닫지 못하여도
자신이 무의미하게 사는 것이 아님을 직감하네
어렵고 보잘것없는 여건도 무언가의 기회임을 느끼네
힘들고 고통스러운 일상 보내면서도 그 안에서 숨은 의미를 찾네

왜 나는 태어났으며
무엇 때문에 살고 있는지 분명히 알지 못한다 하여도
지혜로운 자 자신의 존재와 삶
하나의 기회라 믿고
인간의 몸 받은 것 행복이라 느끼네
눈을 주셨으니 아름다움을 보고
코를 주셨으니 아름다운 향기 맡으며
입을 주셨으니 아름다운 말 하고
귀를 주셨으니 아름다운 소리 들으며
손을 주셨으니 아름다운 것 만들고
발을 주셨으니 아름다운 것 찾아 떠날 수 있지 않은가?
세상의 아름다움을 추구할 수 있게 돕는
자신의 몸에 감사하며
몸을 통한 경험 소중히 여기다 보면

저절로 중요한 깨달음을 얻게 된다네
내가 소유한 모든 것들이
깨달음을 위한 도구였음을 이해하게 된다네

아무것도 완벽하지 않다 생각하였지만
깨달음의 기회 주는 몸을 갖고 있었구나!
인생은 쉽지 않지만
절대 놓쳐서는 안 되는 귀중한 선물이구나!
내 영혼 찾고 그 영혼의 길
스스로 결정할 수 있는 거대한 기회인 것이구나!
감탄하며 깨닫게 된다네

2021년 1월 27일

덕

세상에 태어나 살면서
굳이 욕심을 부린다면
그것은 덕(德)을 쌓는 일일 것이네

금은보화 들어 있는 상자
곡식으로 가득 찬 헛간
지식으로 채워진 두뇌
모두 부럽지 않아야 하네
거기 모인 것들은 이내 사라지고 마는 것
질투와 비교의 대상이 되는 것
탐욕과 헛된 꿈의 원인이 되는 것이니
무엇인가 바라야 한다면
그것은 하늘에 덕을 쌓는 일인 것이네

선한 마음과
덕스러운 말과 행동으로
나 스스로에게 덕을 쌓고
다른 이에게도 그 덕 나눠 주어야 하네
있는 것은 떼어 주고

없는 것은 공유하면
온전한 덕의 공동체 만들어질 것이네

언젠가 없어져 버릴 육신이 원하는 것은
늘 일시적인 환영(幻影)뿐이니
덕을 쌓고자 한다면
항시 더 높은 곳을
더 먼 곳을 바라보아야 하네
지금이 아닌 영원(永遠)을 생각해야 하네

진정으로 자신을 사랑한다면
땅이 아닌 저 하늘에
덕의 탑 쌓아 올려야 할 것이네

2021년 1월 29일

올바름

올바른 것을 안다고 하면
그것 올바른 것 아니네
올바르게 배웠다 하면
그것 올바른 것 아니네
올바른 것이 보인다 하면
그것 올바른 것 아니네

올바른 것은 오직 내 영혼이 느끼는 것뿐이니
내 영혼이 머무는 곳
내 영혼이 가려는 곳
오직 그곳에 올바름이 있네
거기에는 하찮은 영혼, 성스러운 영혼이란 없어
조금 올바른 것, 가장 올바른 것이 없네
나는 나대로
너는 너대로
그대로 올바르다네

내 영혼의 발전과 변화는 나만의 일이니
내 영혼이 말해 주는 올바름도

그 과정에서 발전과 변화를 거듭하네
어제 옳았던 일이
오늘은 옳지 않을 수 있고
어제 틀렸다 한 것이
오늘은 맞을 수도 있네
그렇게 올바름이란
내 영혼이 스스로 결정하는 것이요
순간순간 최선(最善)이 되네
그러니 다른 사람의 판단과 비판에
내 영혼의 성장 맡기지 말아야 하는 것이네

옳음을 결정하는 기로에서는
오로지 자신만이 존재해야 하는 것이니

2021년 1월 30일

치유

치유되어라 치유되어라!
맑아져라 다시 맑아져라!
치유되어라 치유되어라!
맑아져라 다시 맑아져라!
치유의 힘, 나의 목소리가 담고 있네
몸과 마음 맑게 하는 힘, 그 명령에 의해 솟아나네
탁한 기운 내보내고
막힌 기(氣) 뚫으며
썩은 정신 잘라 내고
상처 난 마음 쓰다듬어 주며
굳어 버린 몸에 생기 불어넣네

치유되어라 치유되어라!
맑아져라 다시 맑아져라!
어둠을 거부하고
허상(虛像)을 타파하며
어리석음을 꿰뚫어 보고
자학을 멈추고자 명령하네
나는 내 영혼에 힘차게 명령하네

주도권을 가져오거라!
헛되고 공(空)하기만 한 고통의 늪에서 이제 벗어나거라!

나의 몸은 내가 고친다
나의 마음은 내가 고친다
몸과 마음 모두 내 것이요
그 여정도 내가 결정한다 다짐하네

치유되어라 치유되어라!
맑아져라 다시 맑아져라!

내가 곧 나의 에너지요,
희망이고 치유의 힘이니라!

2021년 2월 1일

귀향

고향을 떠날 때는
늘 방대한 꿈이 있네
이미 가지고 있는 것들의 가치를
진정으로 알아볼 눈과 마음이 없네
그렇게 길 떠나는 방랑자는
산을 넘고 강을 건너
새로운 세상 보러 떠나네
보지 못했고 경험하지 못했던 것 누리며
참세상은 바로 여기라고 생각하네
새로운 것 알게 되어 진심으로 감사해하기도 한다네
그러나 때가 되면 그들 모두
자신이 떠나온 고향 그리워한다네
두고 온 고향의 의미
하고 싶었던 경험 다 하고 나니
그제야 발견하게 되는 것이네

우리의 마음은 고향을 등지고 떠났다가
귀향하는 방랑자와도 같다네
내 본래의 순수함과 고유함, 다가 아니다 생각하여 방황하다가

끝내 근본으로 돌아오는 것이네

내 영혼의 유일함
처음부터 알았다면 떠나지도 않았을 것을
내 마음 저버리고 떠나 얻는 것이
그 마음 재발견하는 일뿐임을 알았다면
애초에 떠나지도 않았을 것을

근본을 찾아 귀향하는 자
다시 돌아감에 한없이 기쁘나
뒤늦은 깨달음에 눈물 흘린다네

2021년 2월 4일

"내 영혼의 유일함
처음부터 알았다면 떠나지도 않았을 것을..."

사랑

사랑이 무엇인지 알아내는 일 좀처럼 쉽지 않네

사랑은 영혼의 형태요
본질의 핵심이나
그 모습 수시로 변하기에
수많은 의미 만들어 내네
깨달음을 얻기 위한 여정 속에
사랑이 있고
관계를 맺게 하는 원인에도
사랑은 있으며
존재의 이유를 찾는 길에
사랑이 있고
우주 만물을 운영하는 힘을 모으는 과정에도
사랑은 있다네
사랑은 밝은 에너지이기 때문이라네

그러나 사랑은 오해되면 큰 악(惡)이 되네
잘못된 사랑은 어느새 자만이 되고
집착이 되며

이기심의 표현이 되고
고통스러운 삶과 경험의 원인이 되기 때문이라네
그만큼 사랑은 대단한 것이네

하지만 사랑을 인식하되 놓아주고
사랑을 느끼나 풀어 주고
사랑을 주되 묶지 않고
사랑을 받으나 잡지 않으면
사랑은 사랑이 할 수 있는 것, 해야 하는 것
모두 해낼 것이네

스스로 빛나 사랑으로 사는 것
오직 그것만이 최선(最善)임을 부디 잊지 말길 바라네

2021년 2월 5일

착각

세상 많은 이들 다양한 착각 속에 살아가네
세상에 온 목적 공(空)한 일들에서 찾으며 살아가네

지식을 많이 쌓는 것
재물을 많이 모으는 것
명예를 많이 높이는 것
인생을 많이 즐기는 것
그런 것들이 삶의 이유라 착각하네
그러나 이 착각들은 착각으로 그치지 않고
가장 소중한 자신의 영혼까지 갉아먹네
슬픔과 고통
자책과 비난
허망함과 원통함 모두
내가 갖은 착각 실현시키지 못해 생겨나네

작은 착각이라도 한번 자리 잡으면 점점 커져
나를 오해하게 만드니
내 존재의 목적 뿌리부터 병들게 하네
착각 속에 사는 이, 실로 가련한 병자이네

자신이 잘못된 생각과 믿음의 소용돌이에 있음도
착각의 늪에서 헤어나는 방법도 알지 못하니

착각이 원하는 것들 모두 물거품 같은 환상임을
헛된 목적 이루기 위해 고귀한 내 영혼 존재하는 것 결코 아님을
내 영혼이 원하는 것 착각이 품은 소망보다 더 크고 성스러움을
반드시 깨달아야 한다네

인생이 고달프다면
"고작 이것 때문에? 이것이 다인가?"
스스로에게 용기 내어 물어보게나
그 질문이 착각을 되짚어 보는 시작점이 될 테니

2021년 2월 8일

주인

나는 나의 주인
모든 것을 가능케 하고
모든 것을 주도하는 나는
나의 주인이네

나를 가해하는 생각과 행동
나를 흥하게 하는 생각과 행동
모두 내가 하는 일
내가 주인으로서 허락하는 일이네
잘못된 음식을 먹으면 탈이 나듯이
잘못된 행동은 그 결과 분명히 보여 주고
긍정적인 생각 품으면 좋은 결과 있듯이
선한 마음도 그 결과 분명히 보여 준다네
내가 태어난 이유부터
어찌 살다 죽는 순간까지
내가 내 스스로의 원인이 아닌 때
단 한 번도 없다네

그러니 내가 나의 주인임을 아는 것은

진정 강력한 힘이라네

세상에 불가능이란 가히 없음을 믿게 하고

인과응보(因果應報)를 감사히 여기게 해 주는

큰 깨달음의 힘이라네

다른 이에게 넘겨주었던 자주성(自主性)

나에게 다시 가져오는 일이며

흔들렸던 내 영혼의 뿌리

단단히 심어 주는 일이네

내가 나의 주인임을 아는 것

순고한 치유의 힘이요

무한한 행복일 것이네

2021년 2월 9일

순수

순수는 영혼의 시작과 끝이네

순수하게 태어나고
순수하게 죽으려 하며
순수한 내 영혼 찾아
순수한 근본으로 돌아가고자 하네
그러나 가장 쉽게 잃어버리는 것도
순수이네
자신이 순수하다고 생각하는 자
순수하지 않은 이유도
순수는 인식하면 이내 사라지기 때문이네
배운다 하여 얻을 수 있는 것도 아니니
그저 본(本)바탕이 순수해야 하는 것이네
거기에서 시작되는 말과 행동은
특별한 의도 없이
스스로 순수하게 구현된다네

순수한 자는 자신이 순수한 것 모르나
순수하지 못한 자는 자신이 순수하지 않음을 아네

나의 말과 행동이

순수하지 못함을 본능적으로 느끼기 때문이네

순수함의 결여는 고통으로 변하며

순수함에 대한 막연한 동경심을 함께 불러일으킨다네

순수했던 과거의 자신을 회상하며

온갖 재물을 잃어버린 양 안타까워하게 만든다네

그러니 순수함을 되찾기 위해

마음 쓰는 사람은

스스로의 영혼 구제하는 문을 여는 자이며

인생이란

순수함 유지하는 여정임을 깨달은 자인 것이네

2021년 2월 10일

크기

나는 정치가이다

나는 학자이다

나는 예술가이다

저마다 외치며 자신의 크기 자랑하네

하지만 실제의 크기는 초라하기만 하다네

거대한 우주 한 모퉁이에

지구라는 곳에

그곳 한 나라, 한 도시에

한 동네, 한 집에 살고 있는 나

그렇게 내 존재의 크기는 한없이 작아지네

수많은 사람들 지구에 살고 있어

살아생전 모두와 마주칠 수 없을 정도로

나의 존재는 단지 그들 중 하나일 뿐이네

커다란 존재라고 아무리 주장해도

작기만 한 나의 존재

그 진실 알고 나면 문득 부끄러운 마음이 솟아난다네

그러나 참된 수행자는 알고 있네

속세에 묶여 자신의 가치 뽐내는 이는

커지는 영혼, 성스러운 영혼이 존재함을 경험할 수 없다는 것을
작아 보이나 거대하고
보잘것없으나 성스럽고
유한해 보이나 무한한 우리의 영혼은
자신이 작은 존재임을 겸허히 받아들이고
하늘에 기도할 때만 서서히 자라날 수 있다는 것을

하니 진실로 커지는 방법
아래에서 위로 향하는 마음 갖는 것뿐이라네
그리고 그 마지막에는
내가 곧 신(神)이며 우주임을 알게 되는
진정으로 커다란 깨달음이 있을 것이네

2021년 2월 11일

위로

진정한 위로는
스스로 위로할 수 있는 마음을 일깨워 주는 것이요
스스로 위로할 수 있는 힘을 실어 주는 것이요
위로해야 할 이유 없는 삶을 살도록 돕는 것이라네
다른 이의 어떤 말과 행동도
내가 나에게 해주는 말 한마디보다 소중할 수 없고
내가 나에게 보여 주는 사랑보다 의미 있을 수 없기 때문이네

나의 운명은
내가 계획한 대로 흘러가며
모든 관계와 상황도 내가 생기도록 이끄니
그로 인한 고충 또한 온전히 나의 몫이네
이때 절실히 필요한 것은
오로지 내 자신뿐이라네
나를 찾은 사람은
자신을 가장 잘 이해하여
스스로에게 아낌없는 조언과 자비심(慈悲心) 베풀 수 있다네
그러니 아무리 남에게 위로받아 크게 감동하여도
이는 내 자신의 위로와 견줄 수 없는 것이네

그러나 나를 위로하려면
먼저 깊은 마음수행해야 하네
내가 주체이고 내 삶의 창조자이며
그 삶의 동반자는 바로 나 자신임을 알기까지
많은 슬픔과 고통 겪어야 한다네

위로란
내 마음이 만들어 낸 괴로움을 달래는 일임을 알아낼 때까지
길고 긴 고난의 길을 걸어야 할 것이네

2021년 2월 13일

진실

세상에 진실은 하나가 아니네
저마다 나만의 진실 만들어 내니
이는 **뼛속까지** 사견(私見)이나
본인의 생각이라는 이유만으로 불변하는 정당성 부여받는다네
그러니 누구나 납득할 수 있는
진실 유도하는 것 진정 어려운 일이라네
'나의 진실이 과연 옳은가' 묻는다 하여
얻을 수 있는 해답조차 거기엔 없다네
그 결과 사람들은
나와 같은 진실 믿는 자 찾아 나선다네
나의 판단과 믿음 공유하는 자 발견하는 것이
내 옳음의 증명이라 믿기 때문이라네
'너도 그리 생각하니 내가 아는 진실이 맞는 것이구나!'
기뻐하며 안도하기 위함이네

그러나 진실이란 그런 것이 아니라네
내 생각 공유하는 사람이 하나인지 수천인지는
진실의 본질을 설명하는 기반이 아니기 때문이라네
이 세상 모든 사람들이 아니라 하고

있을 수 없는 일이라 하여도
진실은 늘 존재하는 것이네

진실은
대중의 견해에 휘둘리지 않는
궁극의 믿음이 있어야 알아낼 수 있으며
그 믿음의 시비(是非)는
오직 하늘만이 알려 줄 수 있으니
하늘을 모르고
하늘과 소통하지 않는 자는
참된 진실이 무엇인지 영영 깨닫지 못할 것이네

2021년 2월 15일

바람

보이지 않는 것의 힘

잡을 수 없는 것의 힘

가둘 수 없는 것의 힘

그것이 정화(淨化)하는 힘을 가진 바람이라네

그 힘에 닿아 흔들리지 않는 것 없고

그 힘을 품고 고요한 것 없으며

그 힘에 실어 순환되지 않는 것 없으니

자유로운 바람은 정체되어 있는 모든 것 풀어 놓는다네

바람은 우리의 영혼과 같아

명령하지 않아도 생각하게 하고

그 생각 행동으로 옮기게 하네

바람은 우리의 마음과 같아

고여 있는 감정에 거센 동요 불러일으키고

묵은 에너지 털어내게 하네

그리하여 비로소 나라는 존재는

가볍고 깨끗해진 하나의 몸과 마음으로

진정한 행복 느끼니

하늘에 감사한 마음 절로 솟아난다네

수행자는
바람의 고마움을 알아 기도하나
결국에는 고요함만이 남기를 소원한다네

하지만 만물을 움직이게 하는 바람은
그가 고요함이 무엇인지 완전히 깨달을 때까지
끊임없이 불어올 것이네
정화와 변화를 거치지 않는 고요란 있을 수 없기 때문이라네

2021년 2월 17일

평가

평가 없는 세상을 만드는 것

그 얼마나 어려운가?

평가 없는 세상을 꿈꾸는 것

그 얼마나 간절한가?

평가가 없기 위해서는

내가 나일 수 있어야 하고

존재의 이유와 의미를 묻지 않아야 하며

나와 남에 대한 믿음이 있어야 하고

하늘의 뜻과 그 공평함을 깨달아야 하니

평가 없는 시간과 공간으로 가는 일

불가능한 망상으로 보일 것이네

하나 육신을 벗어야만 평가가 없는 천국으로 갈 수 있다 믿는다면

그것 또한 망상이네

육신이 평가하는 가치란 없기 때문이라네

몸을 갖고 있어도

나의 마음 하늘과 가까우면 그 마음만으로

나를 찾고

남을 받아들이고 공생하며

평가 없는 존재함 허락할 수 있는 것이네

끝없는 평가의 세계에 살다 보면 평가함이 당연하게 느껴지고
평가하지 않고는 도통 살기 힘들 것이나
이에 대한 통찰만으로
평가 없는 삶을 소망하는 것만으로
평가의 중요성은 낮아지기 시작한다네

평가 없는 인생살이와 배움이란
단지 살고 배우는 것 자체로
그 목적을 다하는 것이네

이것이야말로 유일하게 온전한 가치가 아니겠는가?

2021년 2월 18일

현실

내가 보는 것이 현실인지
일어나는 일이 현실인지
어쩔 수 없는 일이 현실인지
알 수 있다면 달라지는 것 과연 있는가?

실재하는 상황이 현실인가라는 질문의 답을 요구함은
삶에 대한 집착을 만들어낼 뿐이네
현실이 꿈이고
꿈이 현실일 수 있는 것을!
지금의 상황이 현실이라 믿으며
나를 그 현실에 맞추어 충실히 살다 보면
현실이 현실인지
꿈이 꿈인지는 상관없게 되는 것 아닌가?
나는 그저 사는 것 아닌가?
우리가 할 수 있는 것은 오직
내가 보고 느끼는 것들이 모두 현실이 아닐 수 있듯이
내가 보고 느끼는 것들이 모두 꿈이 아닐 수 있음을
늘 유념하는 일이네

'현실이 현실이면 어떻고 아니면 어떠리?'
그렇게 대범하게 생각하며 매일매일을 살아가되
모든 것은
우리 마음이 만들어낸 유희일 뿐이라고 생각해야 하는 것이네

알아낼 필요를 느끼지도
확증을 요구하지도 않은 채 나는
모든 '지금(只今)'의 이면에는
또 다른 현실이 있음을 믿네
그러니 온갖 의심 버리고
오늘도 나는 그냥 숨 쉬며
그때그때 최선(最善)을 다해 살아간다네

2021년 2월 19일

성스러움

성스러운 것은 절대진리
성스러운 것은 깨어 있는 마음
성스러운 것은 자비심(慈悲心)
성스러운 것은 하늘의 뜻이네

이 세상 모든 죄악과 허무함을
이 세상 모든 존재들의 어리석음과 보잘것없음을
가장 크고 높은 가치에 포용하고
무한한 존귀함의 세계로 이끄네
천한 곳에서 하늘과 같이 높은 곳으로
어두운 곳에서 태양과 같이 밝은 곳으로
성스러움은 우리를 인도하네

성스러운 것을 이해한다는 것은
절대적인 것을 깨닫는 것이요
성스러운 것을 본다는 것은
근본적인 아름다움과 선함을 느끼는 것이네

내 세상이 고통인 이유

내가 미천한 이유
모두 성스러움을 모르기 때문이네
우주 만물의 가치와 존귀함은
이미 하늘이 정한 것
누구 하나 인정하지 않아도 본래 그런 것이네

그러니 올바른 삶
하늘의 뜻에 준하는 삶 살기 원한다면
성스러움에 대한 믿음 키워 가야 할 것이네
의미 없는 삶
초라한 나의 존재에서 벗어나고 싶다면
내 안의 성스러움
하늘의 성스러움
찾아야 할 것이네

2021년 2월 20일

"내 안의 성스러움
하늘의 성스러움
찾아야 할 것이네"

옳은 것

무엇이 옳은가?
그것은 내 마음이 결정하네
그 마음의 결정이 옳은가는
내 영혼이 결정하네
영혼의 그 결정이 옳은가는
하늘이 결정하네
옳은 것을 알아내기 위해
하늘과 소통해야 하고
하늘의 메시지를 읽을 수 있어야 하며
하늘의 선함을 믿는 순수한 마음 가꿔 나가야 할 것이네

내가 가는 길이, 나의 결정이
그 어떤 것이든지
가장 최상의 선택임을
믿어야 하는 것이네

선과 악의 세계에서
옳고 그름의 기준 속에서
혼돈에 빠지지 않고

자신만의 최선(最善)을 찾아야 한다네
그렇게 내린 결과는
선이어서도 악이어서도 아닌
그저 나에게 옳은 것이기에 옳은 것이라네

옳고 그름을 머리로 판단함은
최상의 옳음을 따라갈 수 있는 마음공부
아직 충분치 않다는 뜻임을 알아야 하네
옳음은 그름과 비교되어 결정 내려지는 것 아니니
모두 그것 그대로 옳은 것임을 깨닫는 것이
진정한 옳은 선택으로의 길인 것이네
그러니 꾸준한 수행을 통해
이 진리 느낄 수 있도록 노력해야 한다네

2021년 2월 23일

선물

우주와 인간세계는
수많은 선물로 이루어졌다네

내가 있고
네가 있고
그들이 있는 것이
최고의 선물이라네
내가 살고 있는 세상이
이러한 선물임을 안다면
순간순간마다 알 수 없는 행복이 차오를 것이네
극적인 오고 감이 없고
대단한 주고받음이 없음에도 느껴지는
깊은 행복감에 놀라게 될 것이네
파란 하늘만 쳐다보아도
흔들리는 나뭇가지만 바라보아도
행복해질 것이요
만물이 품고 있는
반짝이는 생명의 에너지 느끼게 될 것이네

모든 것이 하늘의 소중한 선물이라는 깨달음은
감사함과 함께 동반되는 행복의 선물 받는 것이라네
숨 쉬어서 감사하고
몸을 받아 생활하니 감사하며
소박하지만 하루하루 살아가니 감사하고
서로가 서로의 선물임을 알아 감사하니
느꼈던 불행은 어느덧 자취를 감추고
없었던 행복이 가슴에 자리 잡는다네
그러니 자비롭고 풍족한 우주의 기운
늘 스스로에게 선사하여야 한다네

누구나 가질 수 있는 선물 알아보는 자가
바로 그 주인인 것이니

2021년 2월 27일

불행

행복과 불행 나누는 것이 불행이네
기쁨과 슬픔 구별하는 것이 불행이네
옳고 그름을 생각하는 것이 불행이네
인간의 모든 불행은
이것과 저것을 나눔에서
이전과 이후를 선 그음에서 시작되네

평정심(平靜心)은
사람을 대할 때뿐만 아니라
일어나는 모든 일과 현존하는 모든 것에 적용돼야 하나니
항상 흔들림 없이 중심 잡고 살아가야 한다네
이것이 나을까 저것이 나을까 재지 말고
마음의 소리를 경청하여 최선(最善)을 선택하며
그 과정과 결과에
판단이 아니라 믿음으로 충실해야 하는 것이네

이것을 갖든
저것을 택하든
하늘의 계획이 이루어짐에는

일말의 오류도 없으니
나의 판단은
불필요한 불행을 야기할 뿐이네

참되게 살고자 한다면
행복이라는 개념 없이도 최상의 행복을 느끼고자 한다면
분별하는 생각, 차별하는 태도 버려야 하네
싫고 좋음이 없어지고
좋고 나쁨이 사라질 때
온전한 마음의 평화가 있을 것이요
삶은 하늘의 뜻을 이루는 소중한 기회가 될 것이네

2021년 3월 1일

젊음

누구나 거쳐 가는 길
그것 바로 젊음이네

허리 구부정하여 죽음이 코 앞인 자에게도
새처럼 날아다닐 것만 같았던
젊음 있지 않았던가?
반드시 주어지며
한번은 경험하는 젊음
언제나 유지하고 싶지 않은가?

젊음이 가면 사람들은
모든 것을 잃은 듯
슬퍼하고 후회한다네
그 좋았던 시절에 더 빛나고 찬란하지 못했음을
더 크고 높은 꿈을 꾸지 않았음을 안타까워한다네

그러나 수행하며 기도하는 자는
진정한 젊음은 지나가지 않고
늘 마음속에 보존됨을 안다네

젊음이란

육신의 강인함이나 아름다움이 아닌

우리가 갖고 태어나 다시 안고 돌아갈

순수한 영혼의 모습이기 때문이네

그 영혼은

자신의 생기와 밝음 끝까지 놓지 않으려 하니

자연히 젊음을 관장하게 되네

내면의 목소리가 늙지 않음이

그런 한결같은 영혼이 있음을 증명하는 것 아니겠는가?

이것이 바로 젊음의 원천(源泉)임을 깨닫는다면

영원히 시들지 않는 젊음 누릴 수 있을 것이네

2021년 3월 3일

집착

집착은 커다란 실수이네

아무리 좋은 것도, 아무리 소중한 것이라도
집착하면 이내 망가지고 만다네
사랑하다가도 집착하면
사랑이 아니게 되고
노력하다가도 집착하면
그 노력 헛수고가 되며
마음을 쓰다가도 집착하면
그 마음 다시 알아볼 수 없게 된다네
자유로운 나에게서
노예가 돼 버린 자신을 발견하고
너그러운 나에게서
편협해진 자신을 볼 것이며
선한 목적으로 행하던 나에게서
이기적인 자신을 느끼며 실망하게 될 것이네
하지만 집착은 늪과 같아 한번 빠져들면 좀처럼 헤어나기 힘들다네
작은 생각 하나가 큰 물결 만들어 내고
작은 행동 하나가 깊은 흔적 남기게 되어

모든 생각과 행위의 본질은
집착과 함께 그 본래의 순수성 잃어 가게 된다네

그러니 잡아도 놓아주듯이
같이 있어도 따로 있듯이
원해도 원치 않듯이
주어도 주지 않듯이
받아도 받지 않듯이
해도 하지 않듯이 하여야 하는 것이네
집착을 놓음은 아무것도 가슴에 담지 않음이니
자유롭고 선한 영혼으로 살고자 한다면
이 깨달음 반드시 증득(證得)해야 할 것이네

2021년 3월 8일

그림자

그림자는 결코 속이지 않네
모양 그대로 보여 주니
충실한 친구처럼 나를 동반하며
있는 그대로의 내 모습 보게 도와주네

영혼이 있음은
영혼 담아 주는 마음으로 느낄 수 있듯이
몸이 있음은
몸을 비추는 그림자로 보게 하여
나를 들여다보고 스스로 관찰하는 방법 알려 준다네
그렇게 매 순간 나는 인간으로 살면서
내 존재 그림자에 투영한다네
밝고 활기찬 내 모습
힘들고 지친 내 모습
모두 그림자에 담아 본다네

그리고 깨닫네

그림자가 어두운 것은

빛의 반대편에 있어서만이 아니듯이
내 모습이 어두운 것도
밝은 모습을 등지고 있어서만이 아니라는 것을
보이는 그림자는
몸과 마음의 합체이기에
내가 원하는 대로 움직이고
내가 보려는 대로 자신의 의미 정의 내리게 한다는 것을

그러니 밝고 건강한 몸과 마음으로 산다는 것은
환영(幻影)과도 같은 어두운 그림자까지도 밝혀
자신을 사랑하는 것이라네

2021년 3월 20일

뿌리

어머니의 탯줄과도 같은 뿌리
어디에 내릴지 알아야 하네

내 몸과 영혼이 원하는 곳
내 몸과 영혼에 가장 걸맞은 곳
바로 그곳에 뿌리내려야 하리
뿌리를 통해 우주의 기운 받으며
뿌리를 통해 내가 일군 에너지 우주로 되돌려 줘야 하니

뿌리를 내림으로 인해
내가 최상으로 커가는 것이
모두를 위한 것임을 알게 되고
만물이 서로 연결되어 있는 한 몸임을 깨닫는다네
부디 잘 자라거라!
어떤 환경에서도 힘을 잃지 말거라!
깊고 넓게 퍼져 나가거라!
뿌리에게 말해 준다네

뿌리가 있어 나는

나무가 되고

풀이 되며

꽃이 되고

뿌리가 있어 나는

가지를 치고

잎을 키우며

열매를 맺을 수 있네

어머니가 아이를 돌보듯 뿌리는

생명을 지탱하고 보살펴 주네

하니 어둠 속에 존재하는 뿌리는

보이지 않는 곳에서 가장 빛나는 고마운 생명 에너지라네

2021년 3월 28일

삶

이러면 어떻고 저러면 어떠리?
삶을 살아가는 데 정답은 없네
정답이 없는 삶 살아도
그 가치 알아보고 가슴에 새기면
모든 순간이 크나큰 행복으로 다가오리

모른다고 아닌 것 아니고
보이지 않는다고 없는 게 아닌 것이
바로 삶이라네
아무 의미 없어 보여도
힘들기만 해 보여도
삶은 실은 축복이 아니던가?
그러니 슬퍼 말고
불평 말고
하루하루 감사하며 행복하게 살아가게나!

하늘이 내려준 생명으로
하늘이 마련해 준 땅에서
하늘이 베푸는 삶의 향연 벌여 보시게나!

그 향연에서는
너도 나도 모두 왕이고 주인공이라네
가슴 깊은 곳에서 샘솟는 자존감과 믿음으로
살아있음을 느끼고
삶이 주는 기회에 감사하며 축배를 든다네

무엇을 하든지
무엇을 계획하든지
무엇을 원하든지
삶은 그것을 위한 절호의 기회이니
행복하지 않고
즐겁지 않을 이유 없지 않은가?

내 소중한 영혼
삶을 살아준 육체 떠날 때도
삶에 대한 경외심 잃지 않으리

"살게 해 주셔서 감사합니다!"

2021년 7월 8일

"하루하루 감사하며 행복하게 살아가게나!"

에필로그

"음악을 통해 사람들은 각자의 우주와 연결되고 의식이 넓어지기 때문에 전달되려는 메시지가 더욱 확실히 이해된다. 기도 즉, 만트라가 음악과 함께 바쳐지는 이유도 바로 여기에 있다. 그러므로 온전한 기도는 온전한 멜로디, 음악과 융합된다."

미라래빠 스승님께서는 본인은 물론 많은 사람들이 노래를 통하여 메시지를 전달하고자 하는 이유에 대해 묻는 저에게 이처럼 답하셨고 이는 당시 티베트에서 그의 제자들이 누렸던 행복을 부러운 마음으로 상상해 보게 하였습니다. 이 질문을 한 것이 2020년 5월 2일이었으니 제가 실제로 처음 스승님의 가르침을 계송으로 받은 11월은 무척 뜻깊은 순간으로 다가왔습니다.

저는 스승님과의 만남이 이루어지기 시작할 때부터 지금까지 모든 것이 하늘의 계획에 의한 필연이었음을 믿어 의심치 않습니다. 그러나 그 믿음을 가능하게 한 것은 제 인생과 영혼을 뿌리부터 변화시킨 가르침의 내용 때문만은 아니었습니다. '이것이 진리이구나!'라고 느끼게 한 원동력은 오히려 그 가르침이 품은 '울림'이었습니다. 그러한 울림은 늘 저를 감동시켜 눈물 흘리게 하였으며 스승님의 말씀을 더욱 의심 없이 받아들여 그것이 곧 제 스스로를 돕게 하는 근본으로 작용하게 했습니다. 이것은 머리로 이해하는 차원을 넘어서는 경험으로 활짝 열린 마음을 가지고 진리를 의미 그대로 납득하는 것이었습니다. 또한 그렇게 마주하게 된 깨달음은 어떠한 의문도 남기지 않는 깊은 통찰을 가져다주었습니다. 가슴이 옳다고 느끼는, 영혼이 바르다고 말하는 진리. 그것만이 유일한 진실임을 깨달을 수 있었던 것입니다. 그러니 이런 울림이 있는 깨달음을 얻게 된 저는 무한한 감사함과 함께, 이 가피가 모두 우연일 수는 없음을 저절로 믿게 되었던 것이지요.

하지만 그렇게 되기까지 저는 정신적, 육체적인 고통 속에서 살아야만 했습니다. 50년 인생을 보내면서 겪은 여러 가지 일들로 즐거운 날보다 괴로운 날이 더 많았으며 삶의 진정한 의미를 찾지 못하고 죽음을 두려워하는 인생을 살았습니다. 그런 마음가짐은 끝내 '메니에르'라는 병을 불러왔고, 그로 인해 결국 저는 직장을 포기하고 말았습니다. 그러나 이 사건은 저에게 과거의 삶을 뒤돌아보는 기회를 주었으며, 저의 병이 제 '업'을 청산하기 위한 도구로 쓰이고 있다는 것을 직감하게 했습니다. 이때 우연히 접하게 된 〈스페이스 미라래빠〉라는 그림은 저를 영적으로 연결시켜 스승과 제자로서의 길을 가도록 도왔고, 이에 스승님은 혼란에 빠져 구원을 청하는 저의 간절한 손을 잡아 주시며 하늘의 말씀으로 저를 치유하셨습니다. 그와 동시에, 이 시대가 필요로 하는 자기 성찰과 하늘과의 소통을 강조하고 싶으셨던 스승님은 제가 이를 깨우치고 기록하게 도우심으로써 궁극적으로는 그것이 모두를 이롭게 하는 기반이 되도록 하셨습니다.

 이 모든 과정의 마지막을 장식하는 《미라래빠의 게송》은 자칫 기존 가르침의 내용을 반복하고 있다는 인상을 줄 수도 있으나, 가장 중요한 핵심을 다시 한번 정리하고 노래와도 같은 시적 표현과 1인칭 시점의 서술을 통해 마음으로부터 진리를 깨닫게 하는 데 그 큰 의미가 있다 하겠습니다. 더불어 여기에 소개된 게송의 주제들은 평범한 일상이 수행의 재료이며 자신이 머물고 있는 바로 그곳에서 나와 세계, 더 나아가 우주를 이해하고, 그 깨달음으로 자신 안에 있는 신성을 일깨울 수 있음을 보여 줍니다.

 "손바닥도 마주쳐야 소리가 난다"라고 하는 격언이 현실화된 스승님과의 만남과 채널링은 이렇게 3권의 책으로 결실을 맺었으니, 이 또한 하늘의 뜻대로 깨달음이 있어야 하는 곳에 그리고 진리를 따르려는 사람에게 자연히 가 닿으리라 믿습니다. 나를 발견하고 영혼을 정화하여 내 마음을 하늘과 통하게 하는 것만이 최상의 삶임을 깨닫게 해 주는 축복이 이 책을 접하시는 모든 분과 함께 하시기를 진심으로 기도합니다.

2020년 9월 12일
프라나

Prana

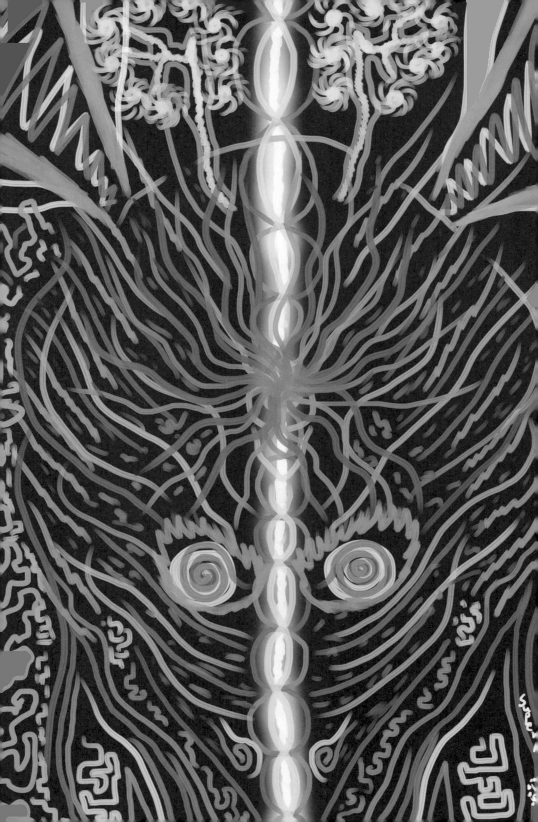